Christoph Haider

Hoffnung

50 Impulse im Lockdown

Impressum:
© Verlag A. Weger Brixen
www.weger.net – info@weger.net

Titelbild: Shripad Joshi/Pixabay

Alle Rechte vorbehalten
Gesamtherstellung: Druckerei A. Weger, Brixen
Printed in Italy, 2020

ISBN 978-88-6563-278-9

Christoph Haider

Hoffnung

50 Impulse im Lockdown

Verlag A. Weger

Inhalt

Was die Leser erwartet......7
geschenkt......9
herunterfahren......11
lösungsorientiert......13
veraltet......15
reinigend......16
lichtreich......18
vertrauen......20
erfinderisch......21
solidarisch......23
anwesend......25
eingesperrt......27
einzelne......29
zweifach......31
mobilisieren......33
dankbar......35
kommentieren......37
entwirren......39
zugesagt......41
gesund......43
familiär......45
mitleiden......47
verbündet......49
heilen......51
verschenken......53
freiwillig......55
still......57
inklusiv......59
durchbrochen......60

- gehen 62
- anstrengend 64
- trotz 66
- normal 68
- zählen 70
- verschwunden 72
- pädagogisch 74
- wellentauglich 76
- neu aufgestellt 78
- bedeutend 80
- ungeduldig 82
- langweilig 84
- eingeschränkt 86
- auferstanden 88
- engagiert 91
- kräftigen 93
- nachholen 94
- realistisch 95
- anwesend 97
- trauen 99
- leben 100
- mehr 102
- Nur Mut 103

Was die Leser erwartet

Vor ein paar Jahren habe ich Internet-Beiträge zum Thema Glaube geschrieben und dann im Buch „Das Licht des Glaubens" veröffentlicht. Ein Leser meinte, eines Tages soll das Thema Hoffnung folgen. Als Mitte März 2020 der Lockdown kam, mussten wir Seelsorger neue Methoden der Glaubensverkündigung finden. Da fing ich an, in Radio Maria täglich einen Hoffnungsimpuls zu senden. Das setzte sich sechs Wochen lang fort bis Anfang Mai. Vier Mitarbeiter machten aus den gesprochenen Texten kleine Kurzfilme für Facebook und YouTube[1].

Nun stelle ich das Ganze in Buchform vor. In der Art von Tagebucheintragungen gebe ich die Gedanken so wieder, wie sie im Radio gesendet wurden. Man merkt den Texten an, dass sie ursprünglich zum Sprechen geschrieben wurden. Um die Zahl fünfzig vollzumachen, kamen ein paar Impulse hinzu, die hier das erste Mal erscheinen.

Wenn meine Gedanken über den konkreten Anlass hinaus Hoffnung vermitteln, freue ich mich und bin dankbar. Vielleicht können die Impulse dazu motivieren, in guten Zeiten einen Vorrat an Hoffnung zu sammeln, um in schlechteren Zeiten genügend Hoffnung zu haben.

---

1 Die Filme sind auf der Homepage von Radio Maria Südtirol zu sehen: https://radiomaria.bz.it/worte-der-hoffnung/

Sollte das Thema Corona uns noch länger begleiten, dann sind die Impulse nicht nur Zeugen des Vergangenen, sondern auch Wegbegleiter für die Gegenwart und Zukunft.

Es ist nicht gedacht, alles in einem Zug durchzulesen. Sinnvoll sind Tagesrationen in Kapitelgröße. Vom Umfang her – inklusive Vorwort und Nachwort – bietet sich auch je ein Kapitel für die zweiundfünfzig Wochen eines Jahres an.

Darüber hinaus wünsche ich, dass dieses kleine Buch beiträgt, vielen Menschen Gott als die große Hoffnung ihres Lebens neu bewusst zu machen.

Pfarrer Christoph Haider

geschenkt 17.03

Was können wir tun, um in hoffnungslosen oder hoffnungsarmen Situationen die Hoffnung nicht zu verlieren? Was können wir tun, um Menschen der Hoffnung zu werden? Hoffnung im christlichen Sinn ist mehr als eine Überlebensstrategie. Sie ist auch nicht jene Haltung, die sich sagt: alles halb so schlimm, es wird schon wieder werden.

Hoffnung ist eine Gabe Gottes. Ein Geschenk also. Christus hat uns die Hoffnung geschenkt. Dieses Geschenk können wir annehmen, bewahren, es anderen weiterschenken, ja es lässt sich sogar vermehren.

Einen ersten Schritt können wir heute noch setzen. Alles beginnt mit einem Wunsch, mit einer Öffnung. Oder wie Trainer, Therapeuten und Lehrer zu sagen pflegen: Du musst es wollen. Veränderungen geschehen selten von außen oder von alleine. Also fangen wir an: Ich lasse zu und gebe meinem Inneren Raum, dass Hoffnung langsam in mir Wurzeln schlagen kann. Leise bete ich: Herr, schenke mir Hoffnung.

Ich kann es auch mit dem Rosenkranz tun. Dazu nehme ich die zweite Ave-Maria-Perle im Vorspann und bitte, dass Jesus in uns die Hoffnung stärke. Ich kann die Bitte ein paar Mal wiederholen, wie bei einer Atemübung: Gegrüßet seist du Maria ... gebenedeit ist die Frucht deines Leibes, Jesus, der in uns die Hoffnung stärke.

Was ich im Gebet erbeten habe, versuche ich dann im Laufe des Tages und in den Aufgaben des Tages aufkommen zu lassen. Statt: Wie lange wird das noch dauern? … denke ich um auf: Ich nütze die Zeit des Wartens, die mir auferlegt ist. Statt: Wie aussichtslos! … schalte ich um auf: Mit Gottes Hilfe gibt es eine Lösung.

Dann gilt es, die Tür zur Hoffnung hartnäckig offenzuhalten. Denn unser rastlos tätiger Geist ist sehr erfinderisch. Er legt sich gerne so viele Türchen an, durch die die kleinen Hoffnungsstrahlen statt herein wieder hinausgehen können. Hoffnungsarbeit ist Geduldsarbeit.

Dass Geduld und Hoffnung miteinander verwandt sind und dass wir die Hoffnung erbitten müssen, wusste der Apostel Paulus, als er den Christen in Rom schrieb: „Freut euch in der Hoffnung, seid geduldig in der Bedrängnis, beharrlich im Gebet" (Röm 12,12)[2].

Beharrlich bitte ich an jedem Morgen und an jedem Abend: Herr, lass das kleine Pflänzchen Hoffnung, das du in mich gelegt hast, nicht gleich wieder vertrocknen. Begieße es mit dem Tau deiner Gnade.

---

2 Die Bibelzitate in diesem Buch sind – wenn nicht ausdrücklich anders vermerkt – der Einheitsübersetzung der Heiligen Schrift in der Ausgabe von 2016 entnommen.

herunterfahren 18.03

Der Hoffnung ein Gesicht geben. Manche Leute brauchen uns nur über den Weg zu laufen, dann zieht es uns nach unten. Bei einzelnen genügt es, wenn wir sie von Ferne sehen oder sie uns nur vorstellen. Dasselbe gilt für bedrückende Situationen unseres Lebens. Die Erinnerung daran versetzt uns in Angst und Sorge. So ist es auch mit den Nachrichten aus aller Welt. Im Stundentakt werden uns Tag für Tag Nachrichten übermittelt, ja fast eingetrichtert. Ein Gutteil davon sind bad news, also schlechte Nachrichten. Sie verursachen Sorgen und ziehen uns nach unten. Derzeit sind die Nachrichten im fünf Minuten Rhythmus getaktet.

Um dem Spinnennetz von Hoffnungstötern zu entkommen, ist Hygiene notwendig. Schon ein Teilerfolg ist hilfreich. Ich selber habe mir während des Jahres vorgenommen, an den alten wöchentlichen Fastentagen Mittwoch und Freitag nur sparsam Nachrichten zu sehen, zu lesen oder zu hören. An mittlerweile allen Tagen habe ich mir vorgenommen: Bevor ich nicht mein ganzes Morgengebet mit Lesehore, Laudes und Terz im Stundenbuch (Brevier) gebetet habe, schaue ich mir nicht die neusten Nachrichten im Netz an. Das gelingt nicht immer ganz. Es ist auch berufsabhängig; als Verantwortlicher einer Gemeinschaft benötige ich mehr Informationen als etwa ein Pensionist.

Diese Übung, den Informationsfluss herunterzufahren, ist anfangs schwer, weil der Mensch von Haus aus neugierig ist. Aber ich sehe, es tut der Hoffnung in uns gut. Die geordnete und sparsame Aufnahme von Nachrichten, mehrheitlich negativer Art, hilft sehr, der Hoffnung einen festen Boden unter unseren Füßen zu geben.

Parallel zu dieser Auswahl an Information können wir versuchen, Hoffnungsbilder und Hoffnungsgeschichten zu sammeln. Wo ist heute etwas Gutes geschehen? Wo haben Menschen schwierige Situationen gut gemeistert? Wo sind Lichtstrahlen am Horizont erschienen? Da derzeit sehr viele Leute per Verordnung zu Hause bleiben müssen, können sie sich gegenseitig Aufbauendes und Hoffungsvolles erzählen.

Der Hoffnung ein Gesicht geben. Stellen wir uns schließlich das Gesicht Jesu vor, wie er uns gerade anschaut, um uns Hoffnung zu schenken. Oder das Gesicht seiner Mutter Maria und unserer Lieblingsheiligen. So wie uns manche Menschen durch ihren Anblick nach unten ziehen können, so richten uns diese Gesichter auf und ziehen uns nach oben. „Herr, lass dein Angesicht über uns leuchten!" (Ps 4,7) *lösungsorientiert* 19.03

Heute ist das Fest des heiligen Josef. Dazu sehen wir uns ausnahmsweise nicht die lieblichen Josefsbilder an, auf denen er mit Lilie oder Hobel in der Hand vor uns steht. Wir orientieren uns am Original. Die Bibel gibt uns einige informative Hinweise auf Josef als einen Mann der Hoffnung.

Auf ein Dekret des Kaisers hin musste Josef mit Maria Nazaret verlassen und nach Betlehem reisen. Die Verordnung traf Josef unerwartet. Von Betlehem konnte Josef nicht mehr in seinen Wohnort zurückkehren. Er rettete das Kind und seine Mutter aus Lebensgefahr durch eine Flucht ins Ausland. Das ganze zog sich über Wochen, vielleicht Monate hin. Wovon lebten die drei während dieser Zeit? Da gab es keinen Bankomaten zum Geldabheben und keinen Supermarkt zum Einkaufen. Konnte Josef seiner Arbeit nachgehen oder lebten sie von Zuwendungen durch andere? Mehr als einen Sack mit Windeln und ihre Leibwäsche, vielleicht noch einen Schlauch mit Wasser, hatten sie wohl kaum dabei. Ob Josef in Ägypten eine Gelegenheitsarbeit fand, ohne Sprachkenntnisse? Die Verbindung in die Heimat war abgerissen, keine schnelle Post, kein Internet, keine Videotelefonie. Ihre Verwandten waren isoliert von ihnen. Vielleicht war es möglich, später einmal einen Boten zu beauftragen, um die Nachricht aus Ägypten nach Galiläa zu überbringen: „So weit geht es uns gut. Das Kind wächst. Wir sind wohlauf." Josef musste täglich warten, bis aus Jerusalem Entwarnung kam. Solange Herodes noch lebte, war keine Aussicht auf eine Rückkehr. Wie lange das wohl dauerte.

Zurück in die Gegenwart. Unsere momentanen Lebensumstände sind derart, dass wir uns Josef, Maria und das Kind recht gut in ihrer Lage vorstellen können. Doch nirgends steht bei Josef eine Klage im Raum. Er sagte gar nichts. Nie ein Wort des Widerspruchs. Bei Josef gab es immer nur ein Ja zur Situation und ein Ja zur Lösung der Aufgabe, die Gott ihm auftrug. Die Frage ist: Wie brachte das Josef immer auf die Reihe? Er konnte es, weil er ein Mann der Hoffnung war. Wer im Auftrag Gottes handelt, sich von Gott führen lässt, darf immer hoffen. Nie wird Gott bei denen, die ihn lieben, etwas zulassen, was über seine Vorsehung hinausgeht. Auch schlechte Zeiten sind davon nicht ausgenommen.

Fast hätte ich vergessen, dass Josef und Maria in Betlehem eine unerwartete Goldspende erhalten hatten, kurz vor ihrer Flucht. Die Weisen aus dem Morgenland hatten dem Kind neben Weihrauch und Myrrhe auch Gold geschenkt. Ob Josef und Maria diese Gabe für sich behielten oder sie verschenkten, bleibt im Dunkeln. Sie durften sich auf jeden Fall durch solche Zeichen der Fürsorge Gottes sicher sein. Er, der uns Lasten auflegt, wird sie uns auch tragen helfen. Oder mit Worten der Hl. Schrift gesagt: „Wir wissen, dass denen, die Gott lieben, alles zum Guten gereicht" (vgl. Röm 8,28).

veraltet

20.03

So etwas habe ich noch nie erlebt. Am Montag dieser Woche lag – wie seit Jahren immer um die Zeit – ein ganzer Stapel Werbematerial vor meiner Haustüre. Der arme Briefträger! Gestern, Donnerstag, drei Tage danach, war es nur noch *ein* Prospekt mit Werbung. Beim Durchblättern dachte ich: wie überholt! Wie aus längst vergangenen Tagen! Wen interessiert heute noch Werbung für abgesagte Veranstaltungen und für Produkte, die derzeit völlig überflüssig sind?

Wie schnell das Moderne alt sein kann, auch wenn es im neuesten Design daherkommt! Was ist das Hoffungsvolle daran? Das Hoffungsvolle ist, dass Werte und Haltungen, die vor ein paar Wochen als nicht ganz up to date galten, jetzt aktuell sind: die Hand Gottes über uns und die ausgestreckte Hand zum Mitmenschen. Die große Hoffnung dieser Tage heißt: Glaube und Liebe altern nie.

Ich bin zuversichtlich, dass es diesmal mehr Menschen begreifen als sonst. Wie heißt es so schön in der berühmten Hochzeitslesung, dem Hohenlied der Liebe: „Für jetzt bleiben Glaube, Hoffnung, Liebe, diese drei" (1 Kor 13,13).

reinigend

21.03

In diesen Tagen machen Videos die Runde. Viele Menschen können ja wegen der Ausgangssperren nicht viel anderes tun als klicken und teilen. Ein Video zeigt Delphine in Küstennähe. Sie spielen froh in Häfen, aus denen die großen Schiffe die schönen Tiere vertrieben hatten. Sie kommen aus dem weiten Meer zurück in die Nähe der Menschen. In die Kanäle Venedigs dringt nach dem Ausfall der Touristen klares Wasser mit Fischen und Schwänen ein. Das sind Bilder der Hoffnung mitten in der Katastrophe.

Was wird erst sein, nachdem der Flug- und Transitverkehr auf dieser Erde für ein paar Wochen zurückgefahren ist? Vielleicht wagen seltene Vogelarten in Flugschneisen zu nisten. Und an den Rändern der Autobahnen sprossen Gras und Blumen. Wollen wir hoffen.

Die Pandemie ist eine große Plage, eindeutig. Aber es könnte sein, dass hinter ihr Segen folgt. Schauen wir mal, ob Delphine in Häfen die neuen Hoffnungssymbole sein werden; wie die Taube mit dem Ölzweig nach der großen Flut.

Im Buch Genesis lesen wir über Noah: „Dann wartete er noch weitere sieben Tage und ließ wieder die Taube aus der Arche. Gegen Abend kam die Taube zu ihm zurück und siehe: In ihrem Schnabel hatte sie einen frischen Ölzweig" (Gen 8,10-11).

Lasst uns hoffen, dass Gott das Übel in Segen verwandeln wird.

lichtreich

22.03

Heute ist Sonntag. Dieser Tag ist ein Geschenk. Seit Jesus auferstanden ist, gibt es Hoffnung, die die ganze Welt betrifft, aber auch über die Welt hinausgeht. Selbst im allertiefsten Dunkel scheint ein Licht.

Das Licht ist eine Person: „Ich bin das Licht der Welt" (Joh 9,5). Die Sonne, die Jesus Christus heißt, wird nie mehr untergehen. Die Erinnerung daran, aber auch die bleibende Gegenwart dieses Geschenkes feiern wir heute, an diesem Tag. Wo immer wir sind, zu Hause in Quarantäne oder unterwegs in einem Beruf im Dienst an den Mitmenschen, im Krankenhaus, im Krankenbett, die Strahlen des „aufstrahlenden Lichts aus der Höhe" (Lk 1,78) sind da. Sie können überall eindringen, wo die Fenster der Seele nicht geschlossen sind.

Nachdem die meisten von Ihnen Jesus in der Feier der Eucharistie heute nicht physisch begegnen können, stärkt Sie umso mehr sein Wort. Wieder einmal überraschen uns die Texte der kirchlichen Liturgie. Die biblischen Lesungen sind in diesen Tagen unsere Wegzehrung geworden, in der der Herr uns zeigt: Er steht über den Zeiten und spricht heute noch zu uns.

Heute im Evangelium: Jesus heilt einen Blindgeborenen. Darüber entsteht eine Diskussion. Es war damals ähnlich wie heute. Jeder gibt seinen Kommentar ab. Die Kommentatoren überschlagen sich in ihren Analysen. Jeder ist seinem Weltbild verhaftet. Die meisten Zeitgenossen Jesu dachten an den Zusammenhang von Ursache und Wirkung: Krankheit als Folge von Schuld. Jesus bleibt souverän. Er geht über die Ursachenforschung hinaus und stellt fest: Schuld oder nicht Schuld ist jetzt nicht das Thema, „sondern die Werke Gottes sollen an ihm (dem Blinden) offenbar werden" (Joh 9,3).

Mit diesem Wort wollen wir heute durch den Sonntag gehen. Die Werke Gottes sollen an uns und an dieser Menschheit offenbar werden.

Herr, zeige dich allen, damit sie dich erkennen und glauben, dass du das Licht bist.

23.03
vertrauen

Was ist der Unterschied zwischen dem verzweifelten Appell „Die Hoffnung stirbt zuletzt" und echter christlicher Hoffnung? Wir können uns zusammenreißen, wie wir im Deutschen so schön sagen. Wir können unsere letzten Kräfte mobilisieren. Wir können in aussichtslosen Situationen sagen, es gibt für alles eine Lösung. Christliche Hoffnung lässt diese Strategien gelten, sie selbst aber bedeutet mehr. Christliche Hoffnung ist das von Gott in uns gelegte Urvertrauen und unsererseits die Pflege dieses Vertrauens in ihn. Wir als seine Geschöpfe und er als unser Schöpfer. Ja noch mehr: wir als seine Töchter und Söhne. Er als unser Vater.

Ein Bub sagte zu seiner Mutter, als das Flugzeug in Turbulenzen geriet und sie sich ängstigte: „Warum hast du Angst? Wir sind doch in Gottes Hand." Ein schönes Bild: die Hand Gottes. Dieses Bild wollen wir übernehmen. Unser Beitrag zur Hoffnung ist somit die ständige und bewusste Übung, nie aus Gottes Hand herauszufallen.

Leg dich am Morgen mit einem bewussten Akt des Vertrauens in Gottes Hand und bleibe untertags darin. Wenn du merkst, jetzt gleite ich langsam ab, dann begib dich gleich wieder zurück in seine Hand. Und wenn du dich am Abend schlafen legst, dann bete das letzte Gebet, das Jesus am Kreuz gesprochen hat: „Vater, in deine Hände lege ich meinen Geist" (Lk 23,46).

erfinderisch 24.03

Von einem gesicherten Platz aus anderen zuzurufen: „Habt Mut!", ist leichter, als selber mitten in der Notsituation zu stehen. Deshalb wollen wir uns für ein paar Augenblicke in die Lage von hoffnungslos gewordenen Menschen versetzen. Der wohl größere Teil der Menschheit ist von Nöten betroffen, nicht erst jetzt: Krankheit, Schmerzen, Hunger, Heuschreckenplage, Ernteausfall, häusliche Gewalt, Unterdrückung, Terror, Arbeitslosigkeit, enttäuschte Liebe, zerbrochene Ehen, Drogen, Zwangsprostitution, Sklavenhandel … ich höre auf, aufzuzählen.

Was sage ich einem, dem alle menschliche Hilfe fehlt? Wahrscheinlich nicht: Kopf hoch! Ich fühle mich vielmehr gedrängt, etwas *zu tun* und wenn es nur etwas Kleines für ihn ist. Da ich nicht allen Bedürftigen dieser Welt helfen kann, fange ich bei einem an, den ich kenne, der in meiner Nähe ist. Ich gebe ihm ein Wort der Ermutigung. Ich sage: „Ich denke gerade an dich. Heute habe ich schon für dich gebetet. Kann ich eine Kleinigkeit für dich tun?"

Not macht erfinderisch, sagt ein Sprichwort. Ich möchte erfinderisch sein, um mein Talent mit den anderen zu teilen. Aber was ist mein Talent? Ein Beispiel: Ein Schnapsbrenner hat letzte Woche das seine entdeckt. Er hatte eine größere Menge Ethylalkohol im Lager. Es kam ihm die Idee, daraus Desinfektionsmittel zu bereiten und an Leute zu verschenken, die nicht so leicht Zugang haben. Ein anderer kaufte die Zutaten. Inzwischen werden die Fläschchen schon verschenkt.

Gott hat mir die Fähigkeit gegeben, aus der Hoffnung, die mich erfüllt, Hoffnungsstrahlen weiterzuschenken. Sie werden jetzt gerade gebraucht, auch wenn sie nur ganz klein sind.

solidarisch 25.03

Heute ist einer der größten Feiertage der katholischen Christenheit: der 25. März. In neun Monaten ist Weihnachten. Am heutigen Tag gedenken wir der ersten Sekunde einer unglaublichen Geschichte. Gott stieg auf die Erde herunter. Die Theologie sagt: Das Wort ist Fleisch geworden. Der Ewige ist in das Zeitliche eingestiegen. Der Unsterbliche in das Sterbliche.

Heute würden wir sagen: er übte Solidarität mit seinen Geschöpfen. Aber diese Solidarität ist eine besondere. Nicht wie die von uns, wenn wir uns mit Unterschriften bei Volksbegehren solidarisieren oder von sicherer Tribüne aus denen zuschauen, die unten zu kämpfen haben. Gott teilte unser Leben und Sterben auf eine unvorstellbare, ja schwindelerregende Weise.

Wo würden wir Jesus, Gottes Sohn, heute finden? Gewiss dort, wo Menschen sich selbst nicht schonen, sondern ihre Zeit, ihre Arbeit, ihre Gebete, ihre Liebe, ja ihr Leben einsetzen für die anderen. Er würde bis zum Äußersten gehen und uns gerade jetzt das Gesicht Gottes zeigen in seiner Liebe bis zur Vollendung.

Angefangen hat alles bei Maria zuhause. Sie öffnete die Tür, durch die Gott in die Welt eintreten konnte. Wir dürfen uns im Glauben sicher sein, dass Maria auch in unseren Tagen uns die Tür offenhält, durch die ihr Sohn Jesus zu den Menschen kommt.

Heute, am Hochfest der Menschwerdung Gottes, erfüllt uns großes Vertrauen in Jesus Christus, Gottes Sohn, und in Maria, seine Mutter. Heilige Maria, Mutter Gottes, bitte für uns Sünder, jetzt!

anwesend

26.03

Gestern Nachmittag, ein Anruf von Luis: „Ist das ‚Ewige Licht' in der Kirche ausgegangen?" Meine Antwort: „Nein, das kann nicht sein. Die Mesnerin hat heute eine neue Kerze eingesetzt. Aber ich schaue zur Sicherheit nach."

Ein guter Anlass, um dem Gotteshaus einen Besuch abzustatten und dort zu beten. Ich kontrolliere. Brennt das ‚Ewige Licht'? Das durch die Fenster einfallende Licht irritiert mein Auge. Ich nähere mich dem Altar. Doch, die Kerze flackert ein wenig. Über dem schön geformten Silberleuchter, der das rote Glas mit der Ewiglichtkerze umfängt, sind Spuren der aufsteigenden Wärme zu sehen. Nun bin ich mir sicher. Das ‚Ewige Licht' ist noch an.

„Ich dachte, das Allerheiligste sei nicht mehr im Gotteshaus", hatte Luis vermutet. „Nein", war meine Antwort, „das Allerheiligste ist ganz sicher da."

Zum allgemeinen Verständnis. Das sogenannte ‚Ewige Licht', eine Kerze in rotem Glasmantel, ist das Zeichen dafür, dass der Tabernakel besetzt ist. Dass die heilige Eucharistie, das Allerheiligste, in diesem Gotteshaus aufbewahrt wird und – unserem Glauben gemäß - Jesus in der heiligen Hostie bei uns wohnt. Nur am Karfreitag und Karsamstag ist das ‚Ewige Licht' aus, ein Zeichen der Trauer über den Tod des Herrn.

Diese kleine Episode lässt uns fragen: Hat uns Gott verlassen? Ist Jesus tot? Lässt er uns in diesen Tagen allein? Nein, er ist noch da. Er wohnt unter uns im Zeichen seiner Hingabe: „Das ist mein Leib für euch" (1Kor 11,24). Er ist da für uns.

Jetzt sind Tage gekommen, an denen wir den Herrn wieder neu suchen werden: Herr, zeige, dass dein Licht noch an ist und du uns nie verlassen wirst. Zeige dich auch denen, die dich bisher nicht oder nur am Rande gesucht haben.

Vielleicht musste es in der Welt erst dunkler werden, damit die Flamme seiner Liebe auch von draußen und von weither sichtbar wird.

eingesperrt

27.03

Weltweit werden immer mehr Grenzen geschlossen. *Wir alle* leben mittlerweile eingeengt. Unsere sozialen Kontakte sind spürbar, ja schmerzhaft begrenzt. Aber wir wissen inzwischen, warum wir das tun. Eingrenzung ist ein erprobtes und wichtiges Mittel, um der epidemischen Bedrohung Herr zu werden. Als gute Bürger nehmen wir die Regeln zum Wohl der Gemeinschaft an. Als Christen können wir einen Schritt weitergehen. Wir tragen die Einschränkungen als einen Teil der Fastenzeit, als einen zwar von außen auferlegten, aber innerlich angenommenen Verzicht.

In der Pfarrei Flaurling gibt es mitten im Wald einen Kalvarienberg. Vor der letzten der vierzehn Stationen ist eine Besonderheit: Jesus im Gefängnis. Ein erbärmlicher Anblick. Er ist seiner Freiheit beraubt. Auf kleinstem Raum eingesperrt. Doch sein Blick sagt mir: Ich bin nur äußerlich gefangen, innerlich bleibe ich frei. In der Gute-Hirten-Rede hat Jesus sogar gesagt: „Niemand entreißt es mir (das Leben), sondern ich gebe es von mir aus hin" (Joh 10,18).

Als Jünger Jesu wollen wir versuchen, die kleinen oder größeren Einschränkungen der gegenwärtigen Lage geduldig anzunehmen. Alles soll zum Segen werden. Gleichzeitig wollen wir den Freiraum entdecken, der aus dem Verzicht entstehen kann, aus dem Zustand, jetzt vieles nicht zu haben.

Das alles ist nicht selbstverständlich. Wir müssen es uns schenken lassen, dass es gelingt. Im Gesangsbuch „Gotteslob" findet sich ein entsprechendes Gebet in Liedform.

„Meine engen Grenzen, meine kurze Sicht bringe ich vor dich. Wandle sie in Weite, Herr, erbarme dich. Meine ganze Ohnmacht, was mich beugt und lähmt, bringe ich vor dich. Wandle sie in Stärke, Herr, erbarme dich. Mein verlornes Zutraun, meine Ängstlichkeit bringe ich vor dich. Wandle sie in Wärme, Herr, erbarme dich. Meine tiefe Sehnsucht nach Geborgenheit bringe ich vor dich. Wandle sie in Heimat, Herr, erbarme dich." (Eugen Eckert)

einzelne

28.03

Ein einzelner kann viele infizieren. Das ist das Prinzip bei der Übertragung von Krankheiten. Gilt dieses Prinzip auch im Umkehrschluss: ein einzelner kann viele heilen?

Einmal saß ich im Flugzeug von Dublin nach München. „Das beruhigt mich", sagte die Sitznachbarin, „dass ein Priester mit an Bord ist. Obwohl ich regelmäßig geschäftlich mit dem Flugzeug unterwegs bin, habe ich noch immer Flugangst. Aber jetzt sind Sie ja da, da wird uns sicher nichts passieren." In dieser Situation durfte ich natürlich nicht aussprechen, was ich mir im Stillen dachte, nämlich: „Auch Flugzeuge mit mitreisenden Priestern können abstürzen, sicher sind schon einige abgestürzt." So dachte ich. Doch die Sitznachbarin brauchte eine Ermutigung. Deshalb antwortete ich ihr mutig und im Vertrauen auf den Herrn: „Ja, gerne bete ich für Sie und für alle, die mit uns unterwegs sind. Gott wird uns sicher beschützen."

Bei meinem Reisesegen im Flugzeug erinnerte ich mich an den Apostel Paulus. Auf dem Schiff, das ihn als Gefangenen nach Rom brachte, waren zweihundertsechsundsiebzig Passagiere (vgl. Apg 27,37). Ein Engel Gottes hatte Paulus versprochen, seinetwegen alle zu beschützen, die mit ihm auf dem Schiff waren. Kurz vor dem Schiffbruch ergriff Paulus das Wort und sagte: „Verliert nicht den Mut! Niemand von euch wird sein Leben verlieren, nur das Schiff wird untergehen. Denn in dieser Nacht ist ein Engel des Gottes, dem ich gehöre und dem ich diene, zu mir gekommen und hat gesagt: Fürchte dich nicht, Paulus! … Gott hat dir alle geschenkt, die mit dir fahren" (Apg 27, 22-24).

Besonders der letzte Satz ist bei mir hängen geblieben: „Gott hat dir alle geschenkt, die mit dir fahren." Ein einzelner Mensch, in dem Fall Paulus, war zum Segensträger und Rettungshelfer für viele geworden.

In diesem Sinn, nicht im wissenschaftlichen, sondern im gläubigen Sinn halte ich den Satz für möglich: Wie ein einzelner viele infizieren kann, kann auch ein einzelner viele heilen. Ein Gläubiger kann viele andere mit seinem Glauben anstecken. Ein Fröhlicher kann auf viele Freude übertragen. Ein Zuversichtlicher kann ganz vielen Menschen Hoffnung geben.

zweifach

29.03

Langsam nähern wir uns der Karwoche. Bevor wir in die Kartage eintauchen, werden uns heute durch die Heilige Schrift Worte der Hoffnung geschenkt. Die Hoffnung dieses Sonntags hat zwei Gesichter: Jesus in seinem menschlichen Mitleid. Und Jesus in seiner Macht über den Tod. Die Person, an der er das beispielhaft zeigt, heißt Lazarus, ein Toter.

Aber schön der Reihe nach. Zuerst das eine Gesicht: das menschliche Mitleid Jesu. Man hat ja den Christen oft vorgeworfen: „Ihr vertröstet uns auf die Zeit nach dem Tod. Aber was verändert ihr in dieser Welt?" Sehr viel! Wir kennen nicht nur einen Jesus, der uns eine Welt nach dieser Welt versprochen hat. Jesus, wie ihn uns die Evangelien vermitteln, ist auch der Mann der konkreten Sorge um die Menschen.

Es berührt uns, mit welcher Zuwendung Jesus die Familie des verstorbenen Lazarus begleitete. Er nannte Lazarus liebevoll seinen Freund. Es heißt, er liebte diese Familie Martha, Lazarus und Maria. Als er sah, wie alle um den Toten weinten, berührte es auch Jesus. Er war im Innersten erschüttert und fing selber an zu weinen. Wie viele Christen sind seitdem Jesus nachgefolgt und haben sich als Helfer allen Formen des Leides ausgesetzt. Wie ermutigend sind auch jetzt die Beispiele von Menschen, die ihre Zeit, ihre Gesundheit, ja ihr Leben aufs Spiel setzen für die anderen. In ihnen erkennen wir das Gesicht Jesu, des Freundes der Menschen.

Dann holte Jesus Lazarus aus dem Grab. Das ist das zweite Gesicht unserer Hoffnung. Jesus hat nicht alle Toten seiner Zeit auferweckt und auch Lazarus ist eines Tages wieder gestorben. Was Jesus beispielhaft an ihm gezeigt hat, ist seine allerletzte Macht über den Tod. Der Tod war immer die stärkste Macht dieser Welt. Diesen Rang hat ihm noch keiner streitig gemacht. Aber in dem kleinen Dorf Betanien und dann wenige Zeit später an seinem eigenen Grab in Jerusalem hat Jesus die Siegesserie des Todes unterbrochen. In diesem Zusammenhang sprach er das größte aller seiner Hoffnungsworte: „Ich bin die Auferstehung und das Leben. Wer an mich glaubt, wird leben auch wenn er stirbt" (Joh 11,25).

Beide Gesichter sind wichtig. Das menschliche Gesicht der Zuwendung und das göttliche der letzten Macht.

Diese beiden Hoffnungen wollen wir unter uns Christen teilen und so miteinander Sonntag feiern.

mobilisieren
30.03

Notsituationen können Menschen lähmen. Sie sind zu nichts mehr fähig. Bei anderen mobilisiert die Not ungeahnte Kräfte. Sie tun Dinge, die sie sich nie zugetraut hätten.

Als Jesus gefangengenommen wurde, fielen fast alle seine Jünger in Schockstarre. Sie liefen davon und sperrten sich zuhause ein.

Zwei andere wiederum, die bisher nur heimlich Jesu Jünger waren, verließen gerade jetzt ihr Haus und stellten sich öffentlich auf die Seite Jesu. Der eine von ihnen, Josef von Arimathäa, schenkte Jesus sogar sein Familiengrab. Der andere, Nikodemus, schaffte eine Unmenge von edler Myrrhe und Aloe herbei, um Jesus einen letzten Dienst zu erweisen.

Notsituationen können Kräfte erwecken, die weit über das gewöhnliche Maß hinausgehen. Deshalb ist die Krise, in der die Menschheit derzeit lebt, eine Chance für das Erwachen neuer Initiativen. Ich habe die große Hoffnung, dass Menschen, die in guten Zeiten noch ganz zaghaft waren, jetzt aufwachen und tätig werden.

Ein kleines, aber besonders liebes Beispiel durfte ich in diesen Tagen erleben. Wir Religionslehrer unterrichten momentan online. Meine fünfundachtzig Volksschulkinder in drei Schulen bekommen ihre

Arbeitsaufträge über Internet zugestellt. Einzelne schicken den erfüllten Auftrag, das Arbeitsblatt oder ein Foto ihrer Heimarbeit an mich zurück. Ein Mädchen ging weit darüber hinaus. In einem eigenen Film präsentierte sie mir ihr vollendetes Werk, spielte ein Lied auf der Flöte vor und sagte am Schluss noch ganz liebe Worte. Was ist das Besondere daran? In der Klasse ist sie die Stillste von allen. Die Notsituation hat ihre Gedanken, Gefühle und Gaben mobilisiert.

dankbar

31.03

Die schwere Zeit hält an. Noch ist kein Licht am Ende des Tunnels in Sicht. Was hilft uns am meisten, die harten Wochen zu bewältigen? Drei Punkte möchte ich nennen. Erstens: *die Regeln befolgen*, die uns von den Verantwortlichen gegeben sind. Zweitens: *auf Gott vertrauen*. Er sieht die Not nicht nur im Großen und Ganzen. Er kennt sie auch im Einzelnen. Er vergisst keinen einzigen von uns. Drittens: *die Dankbarkeit*. Auf diesen Punkt möchte ich näher eingehen.

Dazu nehme ich ein weißes Blatt Papier und mache darauf für alles, was derzeit nicht mehr geht, mit einem Bleistift einen dunklen Punkt. Je nach Mangel kann der Punkt kleiner oder größer ausfallen. Kein Ausgang möglich – ich male ein kleines Pünktchen. Arbeitsplatz in Gefahr – dieser Punkt wird groß ausfallen. Ein Verwandter schwer erkrankt – ich male einen schwarzen Fleck.

Dann nehme ich Farbstifte, die mir gefallen. Wiederum denke ich sorgfältig nach. Was kann ich in dieser Situation noch tun oder was ist mir geschenkt, wofür ich dankbar bin: eine Wohnung, in der ich sein kann, vielleicht sogar noch die Heizung an – ich male eine Blume. Jeden Tag zu essen – ich male ein weiteres Blümchen. Menschen, die an mich denken oder für mich sorgen – ich male eine Tulpe oder eine Rose.

Je nach persönlicher Lage fahre ich mit dem Punkte- und Blumen-Zeichnen fort.

Nun halte ich das Blatt Papier in einiger Entfernung vor mich hin. Ich hätte mir anfangs gar nicht gedacht, dass trotz der dunklen Stellen so viele Blumen zum Vorschein kommen werden.

Am Ende dieser Übung wende ich mich meinem Gott zu, um ihm zu danken. Trotz der dunklen Nacht blüht doch manche Rose. Danke, mein Gott.

kommentieren

01.04

Noch nie hatten Menschen so viele Möglichkeiten, um Kommentare abzugeben. Jeder kann seine persönliche Meinung in das weltweite Netz stellen. Und Zeit haben viele Leute jetzt genug. Kein Rechner der Welt wird zählen können, wieviel derzeit kommentiert wird.

Heute denke ich an jenen anderen Teil der Menschen, die die Kommentarfunktion ausgeschaltet haben – aus Mangel an Zeit oder weil sie sich mit ihrem Kommentar bewusst zurückhalten. Manche stecken bis an den Hals mitten in der Arbeit. Bei ihnen allen möchte ich mich bedanken.

Ganz ohne Rangordnung und ohne Anspruch auf Vollständigkeit zähle ich ein paar auf, die in meinem Umkreis tätig sind: Die freundlichen Frauen im Dorfladen, die als kleines Familienunternehmen tapfer die Stellung halten. Der Gemeindearbeiter, der am Friedhof das Grab öffnete und wieder zuschaufelte. Der EDV-Mann, der wohl nicht nur mir in den letzten Tagen mehrmals geholfen hat.

Die Supermarktmitarbeiterin, die mich auf die Aktionsangebote aufmerksam gemacht und dann nach Dienstschluss die guten Gaben vor die Tür gestellt hat. Meine wissenschaftlichen Berater, die ich um Rat fragen darf, wenn mir jemand ein Video zuspielt, in dem alternative Fachleute kritische Beiträge liefern.

Die geduldigen Leute von Radio Maria, die von morgen früh bis spät am Abend für Anliegen erreichbar sind. Der Religionslehrer, der mir seine Unterlagen zu meiner Arbeitserleichterung für die Weitergabe an die Schüler anbietet. Die Freunde und Mitarbeiter, die mit ihrem privaten Bild- und Filmarchiv und mit viel Kreativität diese Hoffnungsimpulse täglich in ein schönes Video umsetzen.

Die guten Beterinnen und Beter, die diese Zeit nützen, um den Himmel zu bestürmen. Alle, die in diesen Tagen ihre Gebetszeit vermehrt haben. Die Bischöfe, mit denen ich täglich in Radio Maria den Abendrosenkranz beten darf.

Der Apostel Paulus schrieb an seinen Schüler Titus ein starkes Wort, das ich mir zu Herzen nehmen will – besonders in Bezug auf Kommentare über Gesellschaft und Kirche. Paulus mahnt Titus: „Erinnere sie daran, sich den Obrigkeiten und Machthabern unterzuordnen und ihnen zu gehorchen und zu jedem guten Werk bereit zu sein"(Tit 3,1).

Ich möchte zu jenen gehören, die, statt zu allen möglichen Kommentaren, zu jedem guten Werk bereit sind.

entwirren 02.04

„Euer Herz lasse sich nicht verwirren"(Joh 14,1).
Eine kostbare Perle im Schatz der Heiligen Schrift!

Noch nie habe ich eine derartige Verwirrung erlebt wie in den vergangenen Wochen. Nur aus den Erzählungen meines Vaters weiß ich, dass es eine noch verwirrtere Zeit gab. Am 2. Januar 1944 wurde er mit fünfzehn Jahren – also fast noch ein Kind – als Soldat einberufen. So eine schreckliche Zeit nehme ich natürlich nicht als Vergleich her. Aber in meinem eigenen Leben gab es noch nie so skurrile Erfahrungen wie jetzt. Das allgegenwärtige Wort mit dem Anfangsbuchstaben „C" hat die Menschheit buchstäblich in Verwirrung gebracht. Inzwischen geht es nicht mehr rein um Gefährdung unserer Gesundheit. Täglich begegnen wir einem Nebeneinander von Expertisen, die unsere Ratlosigkeit selten auflösen, sie vielmehr oft verstärken.

Selbst in kleinen dörflichen Gemeinden gibt es extreme Positionen, was den Umgang mit „C" anbelangt: Von „Macht doch die Türen auf" bis hin zu „Macht alles dicht" gibt es jede Bandbreite von Einschätzung der Gefahr. Das Schwierigste ist das Maßhalten zwischen hysterischer Angst und frecher Sorglosigkeit. Gibt es jemanden unter uns, der nicht verwirrt ist?

Solange diese Verwirrung im Außenbereich bleibt, ist sie zwar real aber nicht bedrohlich. Bedrohlich wird sie, wenn wir sie in unser Inneres einlassen. Diesen inneren Bereich möchte Jesus für uns freihalten, wenn er sagt: „Euer Herz lasse sich nicht verwirren." Mit Herz ist jener Platz in uns gemeint, wo nur wir zuhause sind. Nichts und niemand soll dort Zutritt haben; außer, was und wen wir selber dort hineinlassen.

In unser Herz soll also keine Verwirrung eindringen. Jesus erklärt auch, warum wir gelassen bleiben dürfen. Weil wir den Glauben haben! „Glaubt an Gott und glaubt an mich" (Joh 14,1). Wenn Gott der Mitbewohner unseres Herzens ist, lässt seine Gegenwart die Verwirrung nicht zu. Unser Glaube an Gott erfährt durch Jesus eine solche Zuversicht, dass wir mit ihm alle Belastungsproben bestehen werden.

Es scheint, dass unser Gott auch mütterliche Züge aufweist. Wenn wir als Kinder von der Schule heimkamen und unseren schulischen Frust durch das geduldige Zuhören unserer Mutter loswurden, war unser Herz wieder für einige Stunden von Verwirrung befreit. Wieviel mehr vermag das unser Gott, dem wir vertrauen.

03.04
zugesagt

Hoffnung kann unterschiedliche Formen annehmen. Eine Form ist der Hoffnungsappell: Seid jetzt bitte alle stark! Wir müssen da durch und wir werden es schaffen!

Eine andere Form ist die Selbstaufforderung: Ich muss das bewältigen! Ich gebe nicht auf!

Schließlich gibt es Hoffnung in Form einer Zusage! Es ist die Art, wie Gott Hoffnung gibt. Das wohl schönste biblische Hoffnungswort stammt vom Propheten Jeremia. In einer Zeit allergrößter Not ließ Gott durch Jeremia verkünden: „Denn ich, ich kenne die Gedanken, die ich für euch denke …, Gedanken des Heils und nicht des Unheils; denn ich will euch eine Zukunft und eine Hoffnung geben" (Jer 29,11).

Eine weitere Entdeckung habe ich in der Heiligen Schrift gemacht: Gott ist nicht nur der, der Hoffnung zusprechen kann. Er selbst ist die Hoffnung. Mit einem kurzen Gebetsruf aus dem Buch der Psalmen dürfen wir immer wieder zu ihm sagen: „Denn du bist meine Hoffnung, Herr und Gott, meine Zuversicht von Jugend auf" (Ps 71,5).

Ein bescheidener Vergleich. Es gibt Menschen in unserem Leben, wenn die da sind, gibt es meistens eine Lösung oder einen Trost. Bei ihnen kommen wir zu Ruhe. Sie bauen uns auf. Um wieviel mehr gilt das für Gott! Gott ist Hoffnung in Person. Ihn kann buchstäblich nichts umwerfen. Wenn wir wanken und anstehen, ist er der Fels, auf dem wir sicher stehen und der Weg, auf dem es weitergeht.

04.04
gesund

„Bleib gesund!" Das ist der neue Spruch, am Telefon, in WhatsApp-Nachrichten, in Emails, niemand weiß, wer diesen Spruch erfunden hat. Auf einmal war er da. So ähnlich wie das „Helf Gott!", wenn jemand niesen muss. Man sagt, das „Helf Gott!" sei in der Pestzeit entstanden und hat bis heute durchgehalten. Lasst uns abwarten, ob die nächste Generation von Menschen unser „Bleib gesund!" übernehmen und in bestimmten Situationen sich zusprechen wird.

Eine Zeit lang habe ich mir überlegt, ob ich diesen Wunsch auch in meinen regelmäßigen Wortschatz übernehmen soll. Dann habe ich mich doch nicht dafür entschieden. Ich bleibe bei meinen bisherigen Grußworten, die mir umfassender zu sein scheinen: „Gott segne dich" oder „Der Herr behüte dich". Die Gesundheit ist ein hohes Gut. Aber Gottes Segen und Gottes Heil stehen noch höher.

Einmal heilte Jesus einen verkrüppelten Mann, der achtunddreißig Jahre lang krank gewesen war. Als Jesus ihn wieder auf seine Füße gestellt hatte, traf er ihn noch einmal „und sagte zu ihm: Sieh, du bist gesund geworden; sündige nicht mehr, damit dir nicht noch Schlimmeres zustößt!" (Joh 5,14). Gibt es Schlimmeres als achtunddreißig Jahre lang ein kranker Mensch zu sein? Offenbar schon! Jesus weiß, dass sündigen für den Menschen schädlicher ist, als krank zu sein. Sünde führt von Gott weg. Das ist nicht gut. Denn Gott ist das Leben.

Wünschen wir einander also nicht nur Gesundheit, das natürlich auch. Wünschen wir uns gegenseitig Segen, Leben mit Gott und Heil. Etwas möchte ich ergänzen: Gerade der Bezug auf Jesus und den lahmen Mann lehrt uns, dass der Segen Gottes die Bitte um die Gesundheit mit einschließt.

familiär

05.04

Seit ich mich erinnern kann, war der Palmsonntag immer ein Tag der Familie, der Kinder und der Gemeinschaft. Außer zur Martinsfeier und zur Kindermette, kamen nie so viele Familien auf die Straßen und dann in unsere Gotteshäuser wie am Palmsonntag. Die Palmzweige, Palmenlatten, Palmbesen oder Palmstangen nahmen oft außerordentliche Maße an.

Es stimmt, auch das war in den vergangenen Jahren zurückgegangen. Die Osterferien waren immer öfter zum Anlass genommen geworden, in Urlaub zu fahren. An den Gardasee, nach Valencia, auf die Insel Mallorca, zu den Kanaren, den Kapverden, den Malediven, nach Bangkok und nach Sri Lanka.

Manchmal klagten Kinder, wenn ich sie vor Beginn der Osterferien zum Kirchgang am Palmsonntag und zu Ostern einlud: „Ich *muss* mit meinen Eltern über Ostern wegfahren. Viel lieber würde ich zu dir in die Kirche kommen."

Diesmal sitzen wir alle zuhause fest, weder Frühlingsurlaub noch Palmprozession sind möglich. Nicht einmal der Transport von Olivenzweigen aus den italienischen Olivenhainen bis zu uns war möglich. Was können wir daraus lernen?

Alles ist ein Geschenk. Gar nichts ist selbstverständlich: Die Familie, das Kind, die anderen Kinder, die sozialen Kontakte, das Fest, die Natur, der Frühling, die Freizeit, die Erholung, sich versammeln dürfen, ja auch zur Kirche kommen dürfen.

Es ist ein Geschenk, in den Garten gehen zu können oder in eine Gärtnerei, um Olivenzweige und die anderen Zutaten zu besorgen; wie etwa Weiden, auch Palmkätzchen genannt, Buchsbaum, Wacholder, Stechpalme, Eibe, Zeder und Thuje.

Es ist ein Geschenk, daraus einen Strauß oder einen Buschen binden zu dürfen, ihn mit selbstgebackenen Brezeln und bunten Bändern zu schmücken und das Ganze zu Ehren des Friedenskönigs Jesus in die Kirche zu tragen.

Und es ist ein unglaubliches Geschenk Gottes, dass er seinen Segen dazu gibt; Segen über die Menschen, die Familie, die Natur, das Heim und den Acker. Wenn wir aufrichtig darum bitten und uns noch aufrichtiger vornehmen, in Zukunft alles noch mehr zu schätzen, wird der Segen des Palmsonntags nicht ausbleiben.

mitleiden 06.04

Heute ist Montag in der Karwoche. Kara war im Althochdeutschen das Wort für Kummer, Klage, Schmerz. Somit ist die Karwoche eine Trauer- oder Schmerzenswoche. Worüber sind wir traurig? Über das Leiden und den Tod unseres Herrn Jesus Christus. Das Besondere an unserer Trauer ist, dass wir Christen an einen Gott glauben dürfen, der sich für uns Menschen schmerzfähig gemacht hat. Obwohl er der Unsterbliche ist, wurde er ein Sterblicher wie wir. Mit allen Konsequenzen. Bis zum Tod am Kreuz.

Wie weit das ging, möchte ich in einem aktuellen Bild sagen: Ein Arzt ist Tag und Nacht für seine Patienten da. Um ihnen nahe zu sein, schont er sich nicht. Jetzt schläft er sogar im Krankenhaus. Er verzichtet auf seine Freizeit. Für jeden hat er ein gutes Wort. Er ermutigt die Kranken. Durch seine Heilkunst stellt er viele wieder auf die Beine, manche rettet er vor dem Tod, anderen steht er bis zur letzten Stunde bei.

Eines Tages geht er einen Schritt weiter. In einer dramatischen Hilfsaktion begibt er sich um seiner Patienten willen selber in höchste Gefahr. Anstatt einen Rückzieher zu machen, sagt er – bei vollem Bewusstsein was auf ihn wartet –: Ich bin Arzt. Das Leben anderer Menschen zu retten ist mein Beruf. Ich bleibe meinem Auftrag treu. Am Ende infiziert er sich selbst ... und stirbt. Dieser Arzt könnte aus Bergamo stammen.

Mit diesem Bild der Hingabe eines Arztes nähern wir uns dem Gottessohn Jesus aus Nazaret. In ihm hat uns Gott sein Innerstes gezeigt, seine tiefste Haltung zu uns Menschen. Gott kennt menschliches Leid nicht nur als himmlischer Arzt, der den Menschen von oben oder von außen beisteht. Er ist nicht nur ein Gott des Mitleids. Er ist der Gott des Mitleidens, wie es im Matthäusevangelium heißt: „Er hat unsere Leiden auf sich genommen und unsere Krankheiten getragen" (Mt 8,17).

verbündet

07.04

Als Jesus gefangen genommen und zum Tod verurteilt wurde, gab es neue Verbündete. Judas hatte sich mit den Hohepriestern zusammengetan. Pilatus und Herodes waren Feinde gewesen, die Sache Jesu machte sie zu Freunden. Beim Hohen Rat meldeten sich falsche Zeugen, um Stoff für ein Urteil zu liefern. Leute, die vorher dafür waren, die Gefängnisse dicht zu halten, forderten plötzlich die Freilassung des Barabbas, eines berüchtigten Räubers und Mörders.

In schlechten Zeiten vermehren sich unheilvolle Allianzen. Kritiker, Gegner und Betrüger kommen vermehrt zum Vorschein. Sie nützen die allgemeine Notsituation, um andere zu kritisieren und zu verurteilen oder Menschen für ihre Zwecke zu vereinnahmen.

Auf der anderen Seite weckte der Tod Jesu auch neue Verbündete im Guten. Zwei habe ich vor ein paar Tagen schon genannt: Nikodemus und Josef von Arimathäa, zwei angesehene jüdische Persönlichkeiten. Nachdem Jesus den Verbrechertod gestorben war, stellten sie sich in aller Öffentlichkeit auf seine Seite. Auch der römische Hauptmann, der das Exekutionskommando leitete, legte nach dem Tod am Kreuz ein öffentliches Bekenntnis zu Jesus ab. Die Frau des Pilatus, eine Römerin, die nichts mit Jesus zu tun hatte, intervenierte bei ihrem Mann, er solle die Hände von Jesus lassen.

So ist es auch in unseren Tagen, während die einen noch Öl ins Feuer gießen, kommen ganz unerwartet neue Verbündete zum Vorschein. Im vatikanischen Postamt ging in diesen Tagen ein bewegender Brief aus dem Iran ein. Der Absender: ein führender islamischer Geistlicher. Ayatollah Arafi dankt Papst Franziskus für dessen Einsatz in der Zeit der weltweiten Krise. Zugleich äußert er die Bereitschaft für ein neues Kapitel der Zusammenarbeit im Dienst der Menschlichkeit, insbesondere mit der Institution der katholischen Christenheit. Eine unerwartete Allianz des Guten!

Auch im Kleinen gibt es diese positiven Bewegungen: Leute, die bis vor kurzem dem Glauben fern standen und zur Kirche auf Distanz gelebt hatten, fangen an zu beten, helfen anderen und finden Jesus sehr wichtig, ja sie überlegen sich sogar ein Comeback.

Das sind Zeichen der Hoffnung. Gäbe Gott, dass die Zusammenschlüsse des Guten über diese Tage hinaus anhalten.

heilen

08.04

Heute bitte ich um Verständnis, dass ich ein schwieriges Thema stark vereinfache. Was war das Besondere an Jesus im Gegensatz zur Menschheit? Statt Menschheit sage ich Adam und Eva. Die beiden sollten die Segensträger für alle Menschen werden. Dieser Segen hatte eine Bedingung: dem Schöpfer zu gehorchen. Es ging nicht um einen Apfel, sondern um den Gehorsam. Und genau den erfüllten sie nicht. Statt „dein Wille geschehe" sagten sie „mein Wille geschehe". Sie rissen die Frucht am Baum der Erkenntnis an sich, obwohl Gott sie davor eindringlich gewarnt hatte. In diesem Augenblick entstand das Virus der Sünde, das seitdem die Menschheit beherrscht.

Was tat Jesus? Obwohl er Gottes Sohn ist, gehorchte er Gott in allem. Er verzichtete auf seinen eigenen Plan und sagte bis in letzte Konsequenz „nicht mein, sondern dein Wille geschehe" (Mt 26,39). Durch diesen Gehorsam befreite Jesus die Menschheit vom Virus der Sünde.

Vom Baum des Paradieses ging der Unsegen aus. Vom Baum des Kreuzes kam die heilende Medizin, das Gegenmittel. Das Kreuz ist ein wunderbares Bild des Gehorchens, das Heilung bringt.

Das war jetzt stark vereinfacht. Aber es trifft den Kern der erlösenden Tat. Alle, die Jesus auf diesem Weg folgen, tragen zur Heilung der Menschheit bei.

Aktuell sagen uns weltweit alle ernstzunehmenden Institutionen: Befolgt die Anordnungen der Behörden und ihr könnt dem Coronavirus ausweichen oder seine Verbreitung eindämmen. Gehorsam schützt die eigene und die Gesundheit anderer. Viele von uns haben in diesen Tagen alle Vorsichtsmaßnahmen befolgt und so der Menschheit Gutes getan.

Ich hege die große Hoffnung, dass wir aus der Krise gestärkt hervorgehen und dabei die Erfahrung machen, dass Gehorsam Segen bringt. Wie wir auf die Gesundheitsminister gehört haben, wollen wir noch mehr auf den Schöpfer hören. Nicht nur die Gesundheit steht auf dem Spiel, sondern die sichere Vereinigung mit Gott, das ewige Leben.

Jesus war gehorsam bis zum Tod am Kreuz. Er wird uns jetzt und in der Zeit danach das große Vorbild und der große Segensträger bleiben.

verschenken 09.04

Der Gründonnerstag ist ein Tag, an dem die Gesinnung Jesu noch einmal klar zutage tritt. Als Jesus merkte, spürte, ja wusste, dass sein Tod immer näher rückt, bereitete er seinen Abschied vor.

Was tun Menschen, wenn sie das Ende nahen sehen? Entweder sie stemmen sich mit aller Kraft gegen ihr Schicksal oder sie ergeben sich, sie klagen, geben letzte Anweisungen oder sie sind ganz sie selbst. Im Angesicht des Todes verdichtet sich manchmal, was einem im Leben immer schon wichtig war.

Der Evangelist Johannes teilt uns ausdrücklich mit, in welcher Gesinnung Jesus den letzten Abend seines Lebens gestaltete: „Jesus wusste, dass seine Stunde gekommen war, um aus dieser Welt zum Vater hinüberzugehen. Da er die Seinen liebte, die in der Welt waren, liebte er sie bis zur Vollendung" (Joh 13,1).

In der großen Krise seines Lebens vermehrte Jesus also das, was er immer schon tat, seine Liebe. Er war ganz darauf ausgerichtet, seinen Jüngern und denen, die es werden würden, alles erdenklich Wichtige für ihr Leben mitzugeben. Er betete für sie. Er bat darum, dass sie in seiner Liebe bleiben, damit sie untereinander eins sind. Er demütigte sich, um sie zu erhöhen, indem er ihnen wie ein Sklave die Füße wusch. Er tat das alles für sie, obwohl er wusste, dass sie ihn bald im Stich lassen würden. Er lud sie zum gemeinsamen Mahl ein. Dabei stiftete er die Eucharistie als bleibendes Opfer seines Lebens und als Gastmahl seiner Liebe. Er verschenkte sich selbst.

Der heilige Bernhard von Clairvaux pflegte zu sagen: „Ich aber eigne mir aus dem Herzen des Herrn getrost alles an, was mir persönlich fehlt." Bitten wir am Gründonnerstag um eine Art Bluttransfusion von unserem Herrn Jesus Christus. Seine Gesinnung soll auf unsere übergehen.

freiwillig

10.04

Besser freiwillig, als erzwungen! Jeder von uns wird dieser These zustimmen. Nur in ganz wenigen Bereichen des Lebens soll es Muss-Bestimmungen geben. Die letzten Wochen haben uns allerdings gezeigt, dass strengste Regeln notwendig sein können, um Unheil abzuwenden. Je größer die Gefahr, desto notwendiger das Reglement. Leider ist das so. Mit Freiwilligkeit allein geht das nicht.

Stellen wir uns einmal vor, die überwiegende Mehrheit der Menschen würde freiwillig alles tun, was der allgemeinen Ordnung entspricht. Oder alle würden freiwillig anderen helfen – ohne die Hilfsbereitschaft auf die Institutionen abzuwälzen. Es wäre ein Wunder.

Genau das tat Jesus. Er hielt die Gesetze ein, ging aber gleichzeitig über das Gebotene hinaus. Er tat mehr als er musste. Sogar den Tod ertrug Jesus mit freier Zustimmung und nicht als eine von außen erzwungene Sache. „Ich habe Macht, es (mein Leben) hinzugeben, und ich habe Macht, es wieder zu nehmen" (Joh 10,18).

In dieser Haltung der inneren Freiheit verwandelte Jesus die Todesstrafe in eine Tat der Liebe. Die freie Hingabe ist für uns Christen ein Herzstück unseres Jesusglaubens. Er gab sein Leben für uns hin, nicht weil er musste, er tat es aus Liebe.

Für einen an Covid-19 erkrankten Priester der Diözese Bergamo hatte die Pfarrgemeinde Geld gesammelt, um ihm ein medizinisches Beatmungsgerät zur Verfügung stellen zu können. Als er aber sah, dass jüngere Menschen um ihn herum dieses Glück nicht hatten, verzichtete er freiwillig darauf. Das lebensrettende Gerät ließ er durch Ärzte zu einem anderen Patienten bringen.

Heute ist Karfreitag. Jesus starb am Kreuz nicht weil er musste. Er gab sein Leben freiwillig hin. Er starb, damit wir leben.

still 11.04

In Jerusalem war an diesem Tag Ruhe eingekehrt. Man blieb daheim in der Familie. Außer zum Gebet durfte niemand aus dem Haus gehen, nur ein kleiner Spaziergang bis an die Stadtgrenze, keine Arbeit verrichten und nicht einkaufen gehen. Der Grund: Es war Sabbat, der wöchentliche Ruhetag, diesmal dazu ein hoher Feiertag.

Aber an diesem Tag lag etwas in der Luft, was die Ruhe weder feierlich noch angenehm machte. Man hatte einen Unschuldigen hingerichtet: Jesus von Nazaret. Alle, die seine Hinrichtung gefordert hatten, waren wohl noch damit beschäftigt, ihr Gewissen zu beruhigen. Pontius Pilatus hatte die Sache vielleicht schon abgehackt, der Fall ist erledigt. Die an der Hinrichtung beteiligten römischen Soldaten verbrachten den Tag mit Wacheschieben oder beim Würfelspiel. Nur dem Hauptman ging Jesus nicht mehr aus dem Kopf. Viele Jerusalemer Bürger waren nachdenklich geworden. Die Begleiter Jesu und nahe Angehörige durchlebten diesen Tag in tiefster Trauer. Maria Magdalena, Salome und Maria, die Mutter des Jakobus, überlegten, wie sie dem Toten noch einen letzten Dienst erweisen könnten. Ihre Hoffnung war gestorben.

Stille kann bedrückend sein. Das erleben die Menschen jetzt weltweit so. In vielen Ländern heißt es, zuhause bleiben. Alte und Kranke dürfen nicht besucht werden. Sterbende sind oft allein. Toten wird keine Begräbnisfeier ermöglicht. Du sitzt im Haus und kannst nichts tun.

Am Karsamstag hüllte sich auch Gott in tiefes Schweigen. Das letzte Hoffnungswort aus dem Mund Jesu war verstummt. Die Art der Stille des Karsamstags macht uns schwermütig.

An solchen Tagen ist es wichtig, uns alles in Erinnerung zu rufen, was Jesus während seines Lebens gesprochen hat: „Ich werde euch wiedersehen" (Joh 16,22). „Drei Tage nach seinem Tod wird er (der Menschensohn) auferstehen" (Mk 9,31). „Nach meiner Auferstehung werde ich euch nach Galiläa vorausgehen" (Mk 14,28).

Hoffnung hält die Stille aus. Sie wartet darauf, bis dann wieder die Sonne aufgeht und Jesus aus dem Grab kommt, um uns zu sagen: „In der Welt seid ihr in Bedrängnis; aber habt Mut: Ich habe die Welt besiegt" (Joh 16,33).

inklusiv 11./12.04

Es ist Osternacht. Mitten im Kirchenraum haben wir ein bescheidenes Osterfeuer angezündet auf einer Schale aus Metall. Aus diesem Feuer stammt die Flamme der Osterkerze. Sie begleitet uns wieder ein ganzes Jahr.

Wir sind zu fünft im Gotteshaus. Eine größere Teilnehmerzahl ist nicht erlaubt. Jeder von uns ist heute Nacht Stellvertreter für viele. Wir feiern nicht für uns allein. Die Tatsache, dass gerade wir hier sind, ist nicht exklusiv, sondern inklusiv zu verstehen. Gemeinsam stehen wir vor Gott für die Vielen ein.

Stellen wir uns folgendes vor: Die Osternachtfeier dauert ungefähr eineinhalb Stunden. Wenn jeder von uns Fünfen mit einem Docht kleine Kerzen anzündet, dann haben wir am Ende ein großes Lichtermeer entfacht. Sind es etwa sechs Kerzen pro Person in einer Minute, dann ergibt das bei fünf Personen zweitausendsiebenhundert Kerzen, die wir in der neunzigminütigen Feier anzünden. Dieses Bild der Lichtweitergabe von Kerze zu Kerze hilft uns verstehen, was Dasein für andere vor Gott bedeutet.

Unsere Hoffnung ist groß, dass Christus als das Licht durch uns sein Osterfeuer verbreitet. Seine Auferstehung wird diese Nacht und alle Nächte der Menschen, die ihn aufnehmen, hell machen.

durchbrochen 12.04

Heute ist Ostern. Ja, Ostern. Es findet *heute* statt. Ostern fällt nicht aus. Auch dieses Jahr nicht.

Um Ostern möglichst gut zu erklären, hole ich ein wenig aus. Verzeiht mir, wenn ich dabei bis nach Hollywood gehe: „Der König der Löwen". Ein berührender Zeichentrickklassiker. Er beginnt mit dem Lied „Der ewige Kreis", während das Löwenjunge Simba das Licht der Welt erblickt.

Ein paar Zeilen der deutschen Version: „Von Geburt an beginnt das Erlebnis. Wenn wir uns zur Sonne drehen. Es gibt mehr zu sehen als man je sehen kann. Das Leben hier ist ein Wunder. Alles neu, alles endlos und weit. Und die Sonne zieht leis' ihren goldenen Kreis, führt Groß und Klein in die Ewigkeit. Und im ewigen Kreis dreht sich unser Leben."

Ein Lied reich an Symbolen der Hoffnung: Sonne, Leben, Wunder, Ewigkeit. Klingt wunderbar. Aber leider fehlt der eigentliche und springende Punkt. Denn der ewige Kreis ist eben durch nichts zu durchbrechen. Da nützt es nichts, dass jeden Morgen die Sonne aufgeht. Sie geht auch nicht für alle auf. Der ewige Kreis bedeutet Geborenwerden und Sterben, Kommen und Gehen. Du lebst in deinen Nachkommen fort. Über deinem Grab steht vielleicht einmal ein junger Baum.

Nachdem wir uns fast zu lange im Disneyland aufgehalten haben, kehren wir gerne und dankbar nach Jerusalem zurück. Ostern ist nicht die Geschichte von Tag und Nacht, von Untergang und Aufgang. Die Auferstehung Jesu ist die Unterbrechung dieses Kreislaufs. Jesus hat dem Tod ein Ende bereitet. Zuerst für sich. Dann als Möglichkeit für alle, die sich von ihm herausziehen lassen aus dem ewigen Kreis und hineinziehen lassen in das Leben mit Gott.

Ostern ist der Wendepunkt des Lebens. Es ist ein einmaliger Tag in der Geschichte der Menschheit. Hoffnung hat nun einen neuen Namen. Hoffnung ist verbunden mit einem bestimmten Ort. Und Hoffnung wird gefeiert an einem bestimmten Tag: Der Name ist Jesus Christus. Der Ort Jerusalem. Der Tag heißt Ostern.

In Jesus Christus, an seinem Grab in Jerusalem, am Ersten Tag der Woche ist über dieser Welt die Hoffnung wie eine Sonne aufgegangen.

gehen 13.04

Ostern geht weiter – im buchstäblichen Sinn des Wortes „gehen". Achten wir in den Ostertexten der Heiligen Schrift bewusst auf die gehäufte Wahl der Verben „kommen", „gehen", „eilen".

Ein paar Frauen kamen in aller Frühe zum Grab und fanden es leer. Mit einer Botschaft, die sie gleichzeitig das Freuen und das Fürchten lehrte, gingen sie wieder weg. Die Frauen eilten, um es den Jüngern mitzuteilen. Zwei von ihnen, Petrus und Johannes, liefen daraufhin zum Grab. Zwei andere Jünger waren am selben Tag „auf dem Weg" (Lk 24,13) zum Dorf Emmaus. Während sie unterwegs Trauerarbeit leisteten, indem sie sich gegenseitig alles sagten, was ihr Herz traumatisiert hatte, „kam Jesus selbst hinzu und ging mit ihnen" (Lk 24, 15).

Heilende und hoffnunggebende Begegnungen finden oft auf dem Weg statt. Wenn du dich in dir selbst vergräbst und wartest, bis Gott dich herausholt, treibst du dich leicht in eine neue hoffnungslose Depression. Du musst aus dir herausgehen und mit Gott weitergehen.

Langsam, ganz langsam, wurde den beiden Männern durch den noch unerkannten Jesus an ihrer Seite Hoffnung geschenkt. Er berührte ihre Seele im Gehen und sprach ihnen Worte des Trostes und der

Erkenntnis zu. Sie ahnten zwar, wussten aber nicht, dass der Herr selbst an ihrer Seite war.

So ist es oft bei uns: Du gehst deinen Weg mit Gott, Tag für Tag. Trost, Orientierung, Hoffnung kommen nicht auf einmal. Du gehst trotzdem weiter. Er geht mit dir, auch wenn du ihn nur umrisshaft oder gar nicht erkennst.

Jetzt wörtlich: „So erreichten sie das Dorf, zu dem sie unterwegs waren. Jesus tat, als wolle er weitergehen, aber sie drängten ihn und sagten: Bleibe bei uns; denn es wird Abend, der Tag hat sich schon geneigt! Da ging er mit hinein, um bei ihnen zu bleiben" (Lk 24, 28-29).

Kurz bevor du sicher bist, Er ist es, der Herr ist da, geschieht oft folgendes: Er tut, als wolle er weitergehen. Den Glauben und die Hoffnung haben wir nie ein für alle Mal in der Hand. Jesus, der auferstanden ist, will von uns gebeten werden: Herr, bleibe bei uns!

An dieser Stelle bricht dieser Impuls ab, auch wenn noch etwas zu fehlen scheint. Das ist bewusst so gewählt. Heute gibt es ein Open End. Denn der Weg der Hoffnung zeigt sich uns nur im Gehen. Bitte nicht stehenbleiben!

anstrengend

14.04

Stellen wir uns vor, die momentane Einschränkung der Bewegungsfreiheit bleibt für den Rest des Lebens aufrecht. Das wäre ein Albtraum. Die ganze Welt wird zum Gefangenenlager, ohne Aussicht auszubrechen. Wir würden verrückt werden. Die Hoffnung wäre gestorben.

Nun aber haben wir eine Verheißung der Experten: Wenn ihr euch konsequent an die Einschränkungen haltet, seid ihr umso früher wieder frei. Dieses Ziel gibt Kraft zum Durchhalten.

Hören wir parallel dazu einen Satz aus der päpstlichen Hoffnungs-Enzyklika von Benedikt XVI.: „Gegenwart, auch mühsame Gegenwart, kann gelebt und angenommen werden, wenn sie auf ein Ziel zuführt und wenn wir dieses Ziels gewiss sein können; wenn dies Ziel so groß ist, dass es die Anstrengung des Weges rechtfertigt."

Die Frage ist, rechtfertigt unser Ziel die Anstrengungen, die wir auf uns nehmen? Momentan lautet das globale Ziel, möglichst viele Menschen vor Ansteckung zu bewahren oder sie wieder den Genesenen zuzuführen. Für das Ziel Gesundheit tun wir Menschen alles, um sie zu erhalten oder wiederherzustellen. Die Anstrengung scheint gerechtfertigt.

Die vernünftige Beobachtung sagt uns aber, dass auch die Gesundheit ein Ablaufdatum hat, also nicht das allerletzte Ziel sein kann.

Die Hoffnung, die uns Christen erfüllt, geht über das Geschenk der Gesundheit hinaus. Versuchen wir, die noch größere Hoffnung mit ganz wenigen Worten zusammenzufassen: Es gibt einen, der mich kennt, weil er mich schuf. Der mir das Leben gab, ist auch der, der mich am meisten liebt. Ich bin von ihm erwartet. Hoffnung im Vollsinn bedeutet, aus dem Geliebt- und Erwartet-Sein die Gegenwart bewältigen, auch wenn sie mühsam ist.

Wie dankbar sind wir, dass wir nicht ziellos in dieser Welt „herumsurfen" müssen. „Die Hoffnung aber lässt nicht zugrunde gehen; denn die Liebe Gottes ist ausgegossen in unsere Herzen durch den Heiligen Geist, der uns gegeben ist" (Röm 5,5).

trotz
15.04

Eine vierköpfige Familie stand vor dem Pfarrhaus mit Ostergeschenken und einem schriftlichen Gruß. Die liebevoll gestaltete Ostergrußkarte besteht aus vier Ostereier-Küken, jedes beschriftet mit dem Namen eines Familienmitgliedes. Vom Osterhasen sind nur noch die Ohren zu sehen. Einfallsreich ist auch die Überschrift: „Wir wünschen trotzdem frohe Ostern." Alles selbst erdacht und ausgeführt.

Trotzdem frohe Ostern, das ist interessant formuliert. Kann man frohe Ostern wünschen, wenn es eigentlich keinen großen Grund gibt, fröhlich zu sein? Wäre es nicht besser, zu wünschen, dass dann wieder einmal alles gut und fröhlich wird; Vertröstung auf die Zukunft also, statt der Aufforderung, jetzt schon fröhlich zu sein?

Trotzdem ist deshalb ein gutes Wort, weil es einen ganz wichtigen Aspekt der Hoffnung zum Ausdruck bringt. In „trotzdem" steckt das Wörtchen „Trotz", es verbalisiert den Weg des mutigen Widerstandes gegen negative Trends. Nächstenliebe kann gefährlich sein. Ich weiche dem Mitmenschen trotzdem nicht aus. Glaube kann belächelt werden. Ich schäme mich trotzdem nicht für ihn. Alle jammern und klagen. Ich stimme trotzdem nicht mit ein. Alle laufen in ein und dieselbe Richtung. Ich überlege, ob diese Richtung stimmt, und gehe dann trotzdem meinen Weg.

Woher nehmen wir die Kraft, in schlechten Zeiten trotzdem gut drauf und vielleicht sogar fröhlich zu sein? Es ist die himmlische Gabe der Hoffnung, die wir durch den Glauben an Jesus Christus empfangen haben. Als wir das erste Mal mit ihm bei unserer Taufe in Berührung kamen, pflanzte Gott die Hoffnung in unsere Herzen ein wie einen kleinen Baum, der zum Wachsen berufen ist. Jeden Tag kann auf diesem Hoffnungsbaum ein neuer Trieb sprossen.

Danke, liebe Familie von Julian und Daniel, dass ihr mir trotzdem frohe Ostern gewünscht habt. Ihr habt Recht, wer aus der Hoffnung lebt, kann jetzt schon mit Freude Ostern feiern und muss nicht erst später fröhlich sein.

normal

16.04

Manche Wörter hat es früher auch gegeben. Vielleicht haben wir sie nur seltener gehört oder weniger beachtet. In einer neuen Situation wachen sie plötzlich auf und finden Aufmerksamkeit. Ein Wort, das 2020 erwacht ist, heißt Normalität. Ich kann mich nicht erinnern, dass wir dieses bis vor ein paar Wochen oft in den Mund genommen haben, höchstens als Ausdruck des Erschreckens in unserer Jugendzeit. Da sagten wir manchmal: Bist du noch normal?

Nun ist sie in aller Munde, die Normalität.

Was ist normal? War alles normal, was sich bis vor ungefähr zwei Monaten in der Welt abgespielt hat, sodass wir nichts anderes ersehnen, als eine Rückkehr zu dieser Situation? Ganz sicher nicht!

Weil dieser tägliche Impuls der christlichen Hoffnung gewidmet ist, wollen wir jene Art von Normalität erhoffen, die uns vom Wort Gottes her zugesagt ist. Dazu nehmen wir vier der insgesamt sieben Vater-unser-Bitten als Ausgangspunkt des Hoffens.

Vater unser:
Hoffen wir, dass es in Zukunft für sehr viele Menschen ganz normal ist, eine persönliche Beziehung zu Gott als Vater zu leben. Dass das Bittgebet von jetzt übergeht in ein Dankgebet in der Zeit danach.

Geheiligt werde dein Name:
Hoffen wir, dass es bald zur Normalität gehört, öffentlich den Glauben an Gott leben zu dürfen. Dass Gottes Name überall geheiligt werden darf, in unseren Gotteshäusern, aber auch auf öffentlichen Plätzen, in jedem Land der Erde, auch in den Parlamenten und bei den internationalen Organisationen.

Unser tägliches Brot gib uns heute:
Hoffen wir, dass es in absehbarer Zeit völlig normal ist, dass das täglich Notwendige allen Menschen gehört. Dass alle, die mehr haben als das tägliche Brot, ihren Überfluss mit denen teilen, die jetzt hungern, dürsten und heimatlos sind.

Vergib uns unsere Schuld:
Hoffen wir, dass es zur neuen Normalität gehört, dass Menschen wieder um Vergebung bitten. Dass das Eingestehen von Schuld und die Umkehr in ein neues Verhältnis zu Gott, zu den Mitmenschen und zu allen Geschöpfen in Zukunft selbstverständlich werden.

Weil wir Christen sind, geben wir die Hoffnung nicht auf. Vor allem wollen wir „beharrlich sein im Beten" (vgl. Röm 12,12) um diese neue Normalität.

zählen

17.04

Wir Menschen zählen oft die Tage rückwärts. Schon über dreißig Tage nicht mehr aus dem Haus. Seit zehn Tagen Schmerzen am Rücken. Mehrere Wochen die Enkel nicht mehr gesehen. Die fünfte Woche Home-Office. Das Zählen der bedrückenden Tage rückwärts macht sie noch länger als sie sind. Ach, wie lange schon!

Wir zählen aber auch die Tage vorwärts. Kinder warten hart darauf, ihre Freunde wieder treffen zu dürfen. Die Sportler zählen die Tage, bis ihre Sportstätten endlich öffnen. Wann können wir wieder zum Friseur gehen? Wieviel Tage noch, bis öffentliche Gottesdienste wieder möglich sind? Auch das Vorwärtszählen kann belastend sein. Ach, wie lange noch!

Gott ist der Ewige. Wer sich mit ihm verbündet, darf eine besondere Erfahrung machen. Gottverbundenheit verändert zwar nicht die Zeit an sich. Aber Gott bringt etwas von seiner Fülle in unsere Zeit. Das bestätigen betende Menschen bis ins hohe Alter. Manchmal sagen sie, statt über die endlos scheinende Zeit zu klagen: Die Tage sind so ausgefüllt.

Als Jugendlicher durfte ich eine Ordensschwester in Innsbruck kennenlernen. Sie war über Jahre, vielleicht Jahrzehnte durch eine Lähmung bis zum Halswirbel an das Bett gebunden. Bei Besuchen sagte sie: „Ich freue mich auf jeden neuen Tag, wenn ich am Morgen um vier Uhr erwache und wieder mit Gott beginnen darf."

In Gottes Ewigkeit einzutauchen, kann das bedrückende Zeitgefühl reduzieren und die Hoffnung vermehren.

18.04

verschwunden

Was tut die Kirche in diesen Tagen? Gar nichts, sagen manche kritisch. Sie sei völlig von der Bildfläche verschwunden. Es mag sein, dass einzelne oder zahlreiche Vertreter der Kirche auf Schlummermodus geschaltet haben. Aber die Kirche als Ganzes ist nicht aus der Gesellschaft fortgegangen. Sie tut vielmehr das, was sie nach der Auferstehung und Himmelfahrt Jesu getan hat. Die Apostel versammelten sich mit den Frauen und mit Maria, der Mutter Jesu, im Gebet, um den Heiligen Geist zu erbitten.

Uns an ein und demselben Ort zu versammeln ist derzeit nicht möglich. Aber beten ist uns nicht verwehrt. Viele von uns haben die Zeit und die Intensität des Betens sogar vermehrt. Heute danke ich allen, die täglich den Rosenkranz beten und sich so wie die Jünger mit Maria um den erhöhten Herrn versammeln. Ihr seid Menschen, die Anlass zur Hoffnung geben.

Eine sehr schöne Initiative, die es so in der Geschichte noch nie gegeben hat, ist das tägliche Rosenkranzgebet mit den Bischöfen in Radio Maria Österreich. Täglich um 18:20 betet ein Bischof vor. Frauen, Männer, Kinder beten mit. Ein großer Segen wird davon ausgehen.

Der Rosenkranz ist ein Gebet der einfachen Leute. Rein intellektuell betrachtet, kann man sagen: ziemlich einfach gestrickt. Aber darin liegt die Kraft: „Selig, die arm sind vor Gott; denn ihnen gehört das Himmelreich" (Mt 5,3).

Warum ist das gemeinsame Rosenkranzbeten ein Zeichen der Hoffnung? Weil es also demütig ist und weil es ein Gebet mit Maria ist. Auf Marias Intervention hin geschah das erste Wunderzeichen Jesu: Bei einer Hochzeit war der Gesellschaft der Wein ausgegangen; eine unangenehme Situation. Maria wird uns auch in dieser viel größeren gesellschaftlichen Notzeit beistehen. Sie wird mit uns und für uns den Herrn um sein göttliches Handeln bitten.

Betrachten wir oft und gern mit Maria, der Mutter Jesu, im Rosenkranz die Stationen seines Lebens. Gebenedeit ist die Frucht deines Leibes, Jesus. Heilige Maria, Muttergottes, bitte für uns.

19.04
pädagogisch

Heute ist der „Weiße Sonntag", der seit Papst Johannes Paul II. auch „Sonntag der Barmherzigkeit" heißt. Darf ich kurz erklären: Der Name Barmherzigkeitssonntag geht unmittelbar aus dem Evangelium des „Zweiten Sonntags der Osterzeit" hervor. Der Apostel Thomas wurde eingeladen, die Herz- und Handwunden des auferstandenen Jesus zu berühren. Die Botschaft lautet: Aus seinen verklärten Wunden fließt Gottes Erbarmen zu den durch die Sünde verwundeten Menschen.

Der Name „Weißer Sonntag" stammt aus frühkirchlicher Zeit, wo Taufen bevorzugt zu Ostern an Erwachsenen gespendet wurden. Eine Woche lang trugen die Neugetauften weiße Kleider, bis sie diese am achten Tag, also heute, wieder ablegten.

In den vergangenen Jahrzehnten bezog sich die Farbe weiß auch auf die Kleider der Kinder, die an diesem Tag ihre Erstkommunion feiern. Seit ich Priester bin, fand an diesem Tag immer eine Erstkommunionfeier statt. Heuer fällt sie durch Gründe aus, die niemand von uns je für möglich gehalten hat.

Wo bleibt da das Erbarmen Gottes? Versuchen wir ein wenig zu interpretieren. So schön diese Feste immer waren, so entwickelten sie in den letzten Jahren immer mehr eine Eigendynamik. Viel Äußerliches hat sich dazugemischt.

Im Vorfeld: Was schenken wir dem Kind, in welches Restaurant gehen wir essen, wen laden wir dazu ein, wohin geht der Ausflug, hoffentlich sehen die Fotos gut aus.

Danach: Mein Kind durfte in der ersten Reihe sein, bei der Musik hatte ich Gänsehautfeeling, es war alles toll geschmückt, die Frisur war so schick.

Vielleicht entdecken wir heuer durch den Totalausfall des Festes das Erbarmen Gottes wieder neu. Das wäre eine eigenartige Pädagogik: Lernen durch Entzug. Dass wir wieder schätzen lernen, was uns im Glauben geschenkt ist. Dass Jesus sich für uns hingegeben hat. Dass er sich in den Sakramenten uns Menschen erfahrbar macht. Dass wir den Glauben gemeinschaftlich leben dürfen. Dass uns durch den Glauben wunderbare Feste geschenkt sind.

Ich habe Hoffnung, dass der heutige Festtag zu einem späteren Zeitpunkt nicht nur nachgeholt wird. Er wird anders aussehen: mit mehr Inhalt und weniger Drumherum. Trauen wir dem Erbarmen Gottes zu, dass er uns eine neue Auferstehung des Glaubens schenken kann. Machen wir uns dafür bereit.

wellentauglich

20.04

Ein gut gebautes Boot trägt über viele Wellen. Es gehört aber auch Geschicklichkeit dazu, das Boot zu steuern. Zwei Erkenntnisse möchte ich anhand dieses Bildes mit euch teilen.

Zuerst spreche ich über das Boot als Symbol der Rettung in Not. Wir erinnern uns an die Hoffnungsgeschichte des Noah. Mitten in der großen Flut waren Noah und seine Familie in der Arche geborgen. Die Flut konnte ihnen nichts anhaben. Was war vorausgegangen? Noah hatte die Arche bereits in trockenen Zeiten nach Gottes Plan gebaut. Im Hören auf Gott hatte das Rettungsboot Gestalt angenommen. Bauart und Dimension entsprachen dem, was in den Tagen der Not notwendig war, um über Wasser zu bleiben.

Auf uns bezogen kann das bedeuten: Im Hören auf Gottes Wort und im Befolgen seiner Baupläne entwickelt sich unser Glaube schon in guten Zeiten. Wenn eine Zeit der Not kommt, steht bereits ein gut gebautes, wenn oft auch kleines Boot bereit. Es wird uns über die Wellen tragen. Inzwischen gibt es sogar wissenschaftliche Studien, die sagen: Menschen, die immer schon aus dem Glauben gelebt haben, kommen in Krisenzeiten besser mit der Situation zurecht. Sie haben eine kleine Arche. Ein Boot, das sie über die Wellen trägt.

Es braucht im Leben aber auch Klugheit, besonders wenn es Wellengang gibt. Die Erinnerung an meine erste Kanufahrt im River Duck wird mich ein Leben lang begleiten. Ich wäre schon vor dem Ablegen am Ufer fast umgekippt. Mein Begleiter zeigte mir dann rasch, wie man ein solches Boot lenkt. Auch das ist wichtig: keine riskanten Manöver, klug sein.

Mit Gottvertrauen auf der einen Seite, mit Klugheit auf der anderen, werden wir auch schlechtere Zeiten übertauchen.

neu aufgestellt 21.04

Wie man so hört, verlaufen derzeit die Tage für viele von uns recht ruhig. Wir haben nicht das Gefühl, dass wir am Rande eines Abgrundes stehen. Trotz aller Einschränkungen geht es uns erträglich. Wir dürfen hoffen, dass das öffentliche Leben wieder langsam anläuft und manche Einschränkungen demnächst aufgehoben werden. Die Unsicherheit steigt trotzdem. Was ist, wenn die wirtschaftlichen Folgen der weltweiten Krise sich zuspitzen? Neue Formen der Armut könnten auf uns zusteuern.

Was bedeutet das für das ethische Verhalten der Menschen?

Die Erfahrung zeigt, in Notzeiten gibt es vermehrte Kriminalität. Der Paketbote stiehlt die wertvolle medizinische Ausrüstung aus seinem Klein-LKW und macht sich damit aus dem Staub. Häusliche Gewalt tritt auf: Männer schlagen Frauen oder umgekehrt. Schlechte Zeiten haben das Potential, die Menschen rücksichtsloser zu machen.

Das muss aber nicht so sein. Es gibt Anzeichen, dass Not die Menschen ganz neu aufstellt. Ein Radfahrer bemerkte gestern mit Bewunderung, wie Väter sich Zeit nehmen, um mit ihren Kindern zu spielen. Familien wachsen zusammen und spüren, dass sie einander brauchen. Eine Jugendliche bemerkte, so viel haben wir zuhause schon lange nicht mehr miteinander geredet. Menschen entdecken ihre humane Seite und engagieren sich in sozialen Bereichen.

Wie Not in Menschen Gutes bewirken kann, hat mir meine Tante immer wieder vermittelt. Sie war Schwester der Caritas Socialis. Über 20 Jahre wirkte sie in den Favelas von Curitiba und Guarapuava, im Bundesstaat Paraná, Brasilien. Die Schwestern organisierten in den Armenvierteln Gesundheits-, Koch- und Nähkurse für und mit den Frauen, leiteten Männer an, kleine Häuschen zu bauen und stellten miteinander eine Kirche auf. Den Ärmsten zeigten sie, wie sie sich als Müllsammler mit Recyceln ihr tägliches Brot verdienen können. Immer wieder kam es vor, dass Menschen kein Stück Brot im Haus hatten. Eine solche Familie hatte zwei Tage nichts mehr zu essen gehabt. Als die Schwestern die Not bemerkten, schenkten sie der Familie einen Kilogramm Reis. Was taten die Leute damit? Sie verkochten ein halbes Kilogramm, die andere Hälfte brachten sie zu ihren armen Nachbarn. Anstatt das Übrige für den nächsten Tag aufzusparen, dachten sie spontan an die Not anderer.

Not kann beides bewirken, mehr Egoismus und mehr Liebe. Ich habe die Hoffnung, dass diese Menschheitskrise das Gute im Menschen zutage befördert.

22.04
bedeutend

Im zweiten christlichen Jahrhundert schrieb ein unbekannter Christ einen Brief an einen gewissen Diognet. Er beschrieb darin die Situation der Christen in der Gesellschaft. Ich zitiere ein paar Sätze: „Denn die Christen sind weder durch Heimat noch durch Sprache und Sitten von den übrigen Menschen verschieden. Sie bewohnen nirgendwo eigene Städte, bedienen sich keiner abweichenden Sprache und führen auch kein absonderliches Leben."

„Sie … fügen sich der Landessitte in Kleidung, Nahrung und in der sonstigen Lebensart, legen aber dabei einen wunderbaren und anerkanntermaßen überraschenden Wandel in ihrem bürgerlichen Leben an den Tag."

„Sie weilen auf Erden, aber ihr Wandel ist im Himmel. Sie gehorchen den bestehenden Gesetzen und überbieten in ihrem Lebenswandel die Gesetze."

„Um es kurz zu sagen, was im Leib die Seele ist, das sind in der Welt die Christen." Ein Brief aus dem zweiten Jahrhundert!

An diese Worte musste ich in diesen Tagen denken. Wir Christen wären in Europa zahlenmäßig immer noch ein ernstzunehmender Faktor, bedeutungsmäßig sind wir das sicher nicht. Ein Erfahrungswert aus den Nachrichten von gestern: Nach einer Zeit großer Einschränkungen wird in Österreich das wirtschaftliche und gesellschaftliche Leben langsam hochgefahren. Nicht mehr lange, dann öffnen wieder viele Dienstleistungseinrichtungen. Kirchen und Gottesdienste werden bei der Aufzählung auch genannt; an *letzter* Stelle nach den Friseuren, Fußpflegern, Masseuren und den Restaurants.

Waren wir Christen in den vergangenen Wochen die Seele im Leib der Gesellschaft, wie das der Briefschreiber über die zahlenmäßig sehr kleine Gruppe der Christen im Römerreich behaupten konnte?

Ganz sicher haben wir Aufholbedarf. Bis zur nächsten gesellschaftlichen Krise haben wir hoffentlich die Kraft und den Heiligen Geist, um uns als Seele im Leib bemerkbar zu machen. Ich bin voller Hoffnung. Die letzten Wochen haben mir gezeigt, dass zahlreiche Menschen offen und für den Glauben ansprechbar sind. Ganz viel liegt an uns Hirten, ob wir den günstigen Augenblick erkennen und mit neuer Freude das Evangelium allen verkünden. Bitte, liebe Schwestern und Brüder, helft und betet alle mit.

23.04

ungeduldig

Eine Schülerin plauderte aus dem Nähkästchen: „Mama und Oma haben einen Streit gehabt. Es war so: Mama wollte dem kleinen Bruder etwas schenken. Er hätte nur bis zum Geburtstag warten müssen. Aber Oma hat es schon besorgt und es ihm gleich geschenkt. Deshalb haben Mama und Oma miteinander gestritten."

Von diesem Einzelfall abstrahiere ich ins Allgemeine. Das war doch die Situation vieler Omas und Mütter in den letzten Jahren und Jahrzehnten. Kinder mussten nie lange auf etwas warten. Irgendwoher kam das Ersehnte und es kam bald. Wenn es ein Wunsch war, dessen Erfüllung in der Nähe nicht verfügbar war, machte das nichts aus. Wir waren ja global aufgestellt. Made in Japan oder China stand dann auf dem Produkt. Wenn das eigene Konto nicht ausreichte, gab es die Variante über Oma oder Leasing.

Das war recht praktisch und funktionierte bis vor kurzem gut. Allerdings mit einem Nebeneffekt. Wir alle, ein, zwei Generationen von Menschen, haben dadurch die Hoffnung verlernt. Denn Hoffnung hat mit Geduld zu tun.

Der Apostel Paulus baut im Römerbrief folgende Kette der Beweisführung auf: Er beginnt mit seiner eigenen Erfahrung. Er erlebt Schwierigkeiten, es gibt widrige Umstände, es ist um ihn herum eng geworden. Diese unangenehmen Zustände nennt Paulus Bedrängnis. Er sieht das nicht negativ, sondern als einen Anlass, um Geduld zu lernen. Die Geduld ist sozusagen die Bewährungsprobe. Da zeigt sich, wo du im Leben stehst. Hast du aus- und durchgehalten, dann bist du in deinem Leben um ein Stück reifer geworden. Die Geduld hat dich stark gemacht. Diese Stärke nennen wir Hoffnung.

Jetzt aber Paulus im Originalton: „… wir wissen: Bedrängnis bewirkt Geduld, Geduld aber Bewährung, Bewährung Hoffnung. Die Hoffnung aber lässt nicht zugrunde gehen" (Röm 5,3-4).

24.04

langweilig

Wir Menschen lieben die Abwechslung. Wir suchen das Neue oder zumindest das Vertraute in immer neuen Variationen. Das Bedürfnis nach Abwechslung ist vor allem in hoch entwickelten Wohlstandsgesellschaften verbreitet. Reiches Angebot verlockt zum Ausprobieren.

Glaube baut auf Beständigkeit und Treue auf. Das Bedürfnis nach Veränderung und die täglich treue Ausübung des Glaubens stehen oft in Spannung zueinander.

Dieses Spannungsfeld möchte ich versuchen, aufzusprengen. Der Glaube, vor allem der konstant gelebte Glaube, schenkt nämlich immer wieder neue Tiefe und Fülle. In der treuen Ausübung des Glaubens öffnen sich für uns Schritt für Schritt neue Dimensionen.

Der Grund dafür ist Gott selbst. Gott ist die Fülle. Er ist das Leben. Er ist die Wahrheit. Die Gerechtigkeit. Die Liebe. Solange wir auf dieser Welt sind, leben wir in Hoffnung, das heißt in freudiger Erwartung auf das vollendete Leben mit Gott. Deshalb wird uns in der täglichen und treuen Ausübung des Glaubens manchmal ein Vorgeschmack geschenkt. Im Himmel wird uns nie langweilig werden, weil es dort die Erfahrung der Grenzenlosigkeit Gottes gibt. Christliche Hoffnung nimmt den Himmel jetzt schon vorweg.

Gehen wir unseren Weg mit Gott weiter, ohne in der Ausübung des Glaubens nachzulassen und ohne Angst vor Langeweile. Viel schöner als ich, hat es Papst Benedikt XVI. einmal gesagt: „Große Dinge werden durch Wiederholung nicht langweilig. Nur das Belanglose braucht die Abwechslung und muss schnell durch Anderes ersetzt werden. Das Große wird größer, indem wir es wiederholen."

eingeschränkt

25.04

Seit ein paar Wochen ist das ganz normale Leben äußerst kompliziert geworden. Die Zehn Gebote sind eine Kleinigkeit gegenüber der Flut an Gesetzen und Verordnungen, die die Regierungen derzeit weltweit veröffentlichen. Was noch erlaubt, gerade noch gesetzeskonform oder bereits strafbar ist, da haben die besten Juristen manchmal keinen Durchblick mehr.

Schränken uns diese von außen auferlegten Normen nicht gänzlich in unserer Kreativität ein? Viele der großen Leistungen der Menschheit in Wissenschaft, Kultur und Religion sind doch nicht durch viele Gesetzesvorgaben erfolgt, sondern durch die freie Entfaltung des menschlichen Geistes und seiner Schaffenskraft.

Es stimmt, was wir aus innerem Antrieb und aus freier Entscheidung tun können, das beflügelt uns und gibt uns Auftrieb. Aber es gibt auch eine Entfaltungsmöglichkeit, die aus dem uns auferlegten kleinen Radius kommt. Es gäbe viele Beispiele zu erzählen, wie Menschen gerade in der Zeit der Einschränkung zur vollen Reife gelangt sind. Manche Wissenschaftler hatten ihre fruchtbarste Periode in der Zeit des auferlegten Hausarrests. Der heilige Johannes vom Kreuz schenkte der christlichen Welt Einblick in tiefe mystische Erfahrungen während einer erbärmlichen Gefangenschaft. Otto Neururer, der Selige Tiroler Priester, der eine Zeitlang sogar in meiner Pfarrei Oberhofen gewirkt hat, reifte im Konzentrationslager zu heroischer Gottes- und Nächstenliebe.

Bescheidene Erfahrungen dieser Art können auch wir machen, wenn wir den kleinen Spielraum, den wir derzeit haben, möglichst gut ausfüllen. Lasst uns die engen Grenzen erweitern durch kreative Liebe.

auferstanden

26.04

Heute am dritten Sonntag der Osterzeit wird uns im Gottesdienst der Urtyp einer Predigt vorgestellt. Es war die allererste christliche Predigt überhaupt. Gesprochen hat Petrus am Pfingsttag. Petrus versuchte mit einem Wort des Alten Testaments seine jüdischen Zuhörer zu überzeugen. Die neue katholische Einheitsbibel übersetzt das von Petrus verwendete Zitat so: „Auch mein Leib wird in Hoffnung wohnen; denn du gibst meine Seele nicht der Unterwelt preis, noch lässt du deinen Frommen die Verwesung schauen" (Apg 2,27).

Es handelt sich hier um eine Stelle aus dem Buch der Psalmen in der griechischen Septuaginta-Fassung. Die Apostel teilten mit allen Juden die Annahme, dass die Psalmen vom Dichterkönig David stammen. Petrus erklärt dieses Lied als eine wichtige Prophetie für die Auferstehung Jesu. Gott hat durch David diese Prophezeiung über den künftigen Messias gesprochen: Jesus, der als Mensch aus dem Geschlecht David stammt, wird nicht im Grab bleiben. Deshalb bezeugt Petrus nun: Gott hat es nicht zugelassen, dass der Leib Jesu im Grab verweste und seine Seele in der Unterwelt blieb. Die Auferstehung Jesu hat also wahrgemacht, was in den Gebeten Davids bei allen Israeliten im Umlauf war. Jetzt hat es sich erfüllt.

Solche Stellen der Heiligen Schrift sind für uns moderne Menschen oft ein Grund zum Weiterblättern.

Wir tun uns nicht nur mit der Sprache schwer, sondern auch mit der Beweisführung. Es ist nicht die Spiritualität, die wir in Buchläden des 21. Jahrhunderts finden. In den Regalen des Buchhandels stapeln sich spirituelle Bücher mit Titeln wie „Die Seele baumeln lassen", „Meditieren und Entspannen", „Heilfasten", „Zu deinem Körper gut sein", „Achtsam mit der Schöpfung umgehen". Vieles bezog sich in den letzten Jahrzehnten auf einen Glauben, der einem selbst, den Mitmenschen und der Schöpfung *guttun* soll.

Das ist natürlich erlaubt, Glaube als Lebenshilfe ist in Ordnung. Aber es ist zu wenig. Die derzeitige Gesundheitskrise hat uns aus unserem Wohlfühlglauben herausgerissen und uns vor die existentielle Frage gestellt: Gibt es etwas oder besser gesagt jemanden, der auch die größte Belastungsprobe übersteht? Krankheit und Tod – gibt es da einen Ausweg? Ja, es gibt ihn. Er, von dem gesagt ist, sein Leib wird nicht verwesen. Er wird in seinem Grab in Hoffnung ruhen. Seine Auferstehung ist der Anfang der größten Hoffnung für die Menschheit.

Gestern rief eine Mutter bei mir an. Gerade ist ihr Sohn verstorben. „Jetzt habe ich schon mein drittes Kind verloren", sagte sie tieftraurig. „Und ich kann mich – aufgrund des Alters und der Ausgangsbeschränkungen – nicht einmal von ihm verabschieden." Dieser gläubigen Frau konnte ich kein Trostwort sagen, das aus der spirituellen Lebensberatung stammt. Aber ich bot ihr an, mit ihr um Perspektivenwechsel zu beten, dass sie nicht glauben soll, dass ihr Sohn verloren sei, sondern, dass er zu Gott hinüber gerettet wird.

Heute werde ich bei der heiligen Messe Mutter und Sohn betend zum Herrn tragen. Heute ist der Tag, an dem wir seine Auferstehung feiern. Es ist Sonntag. An diesem Tag hat Gott uns geschenkt, dass auch wir in der Hoffnung zuhause sind.

engagiert 27.04

Heute möchte ich einen Mann der Hoffnung vorstellen: den Jesuiten und Kirchenlehrer Petrus Canisius. Er ist Patron der Diözese Innsbruck. Sein Fest ist am 27. April. Dieser gebildete und weitgereiste Mann lebte in einer Zeit großer Umbrüche, vor allem der großen Glaubensspaltung im 16. Jahrhundert. Canisius war ein Motor der Erneuerung des kirchlichen Lebens, besonders in den deutschsprachigen Ländern. Sein Religionsbuch, der Katechismus, beeinflusste das Glaubensleben über fast vier Jahrhunderte. Meine Großeltern haben den katholischen Glauben noch nach dem „Kanisi" kennengelernt, wie man sein bewährtes Religionsbuch im Volksmund nannte.

In Bezug auf das Stichwort Hoffnung möchte ich zwei Ebenen des Wirkens von Petrus Canisius nennen. Die eine war seine Kunst, die Mittel seiner Zeit für den Glauben einzusetzen: Er nutzte den Aufschwung des Buchdrucks, um den Glauben an Christus schriftlich zu verbreiten. Unermüdlich setzte er sich für die Gründung von Schulen ein, erteilte selbst Unterricht und leitete Universitäten. In der Art, wie er sprach und schrieb, unterschied er sich deutlich von vielen Zeitgenossen. Was heute sogenannte Hasspostings sind, war damals die untergriffige Art, Andersgläubige auf üble Weise zu beschimpfen. „Beherzt, würdevoll und nüchtern" muss man den Glauben darlegen, pflegte Petrus Canisius zu sagen.

Eine zweite Ebene seines Wirkens war die Seelsorge. Petrus Canisius betrieb eine Pastoral ohne Grenzen. Dafür reiste er auf beschwerlichen Wegen quer durch Europa. Auf der Straße sprach er Kinder mit ihren Eltern an und übte mit ihnen die Grundgebete des Glaubens. Er tat das mit einer Einfachheit und Freude, die ansteckte. Auf seinen vielen Fußwegen kehrte er in unzählige Häuser ein und ermutigte Familien zum Leben aus dem Glauben. Er predigte in Kirchen auch dann, wenn sich nur eine Handvoll älterer Frauen eingefunden hatte oder nur drei Studenten ihm zuhörten.

Petrus Canisius war ein Mann der Hoffnung: Schwierigkeiten sind nicht dazu da, damit wir aufgeben, sondern uns noch mehr engagieren.

Seine tiefe Liebe zu Christus und seine Nähe zum gottmenschlichen Herzen Jesu waren seine innere Quelle, aus der er schöpfte. Heiliger Petrus Canisius, erbitte uns einen neuen Frühling des Glaubens an Jesus Christus.

kräftigen

28.04

„Der Gott aller Gnade …, der euch in Christus zu seiner ewigen Herrlichkeit berufen hat, wird euch, die ihr kurze Zeit leiden müsst, wieder aufrichten, stärken, kräftigen und auf festen Grund stellen" (1 Petr 5,10). Diesen Satz habe ich aus dem Ersten Petrusbrief im Neuen Testament mitgenommen. Mit anderen Worten: Die Hoffnung, die Gott uns durch den Glauben an Jesus Christus geschenkt hat, ist so groß, dass *ein* Wort nicht ausreicht, sie zu beschreiben. Um die Größe dieser Hoffnungsgabe verständlich zu machen, bedarf es einer gehäuften Wortwahl: Gott wird euch in dieser bedrängten Zeit nicht hängen lassen, er wird euch aufrichten, stärken, kräftigen, auf festen Grund stellen.

Als Menschen der Hoffnung dürfen wir diese Erfahrung an uns selber machen. Gott schaltet unser Leid nicht aus. Das Leben ist oft hart. Es gibt Schweiß und Tränen. Aber Gott kommt dann wieder, er bestärkt uns, sagt uns ein aufmunterndes Wort, gibt uns Kraft und ist der Halt unter unseren Füßen.

Das Besondere daran ist: Wer diese aufrichtenden Erlebnisse mit Gott kennt, wird selber zu einem kleinen Hoffnungsträger für andere. Ich kenne Menschen, die Schweres zu tragen haben, aber immer ein gutes Wort für andere finden. Wer aus der Hoffnung lebt, kann andere aufrichten, stärken, kräftigen und auf festen Grund stellen.

nachholen

29.04

Ein Gespräch auf einer kleinen Baustelle letzte Woche. Zuerst schauen wir uns die notwendigen Arbeiten an. Dann fachsimpeln wir ein wenig. Beim Verabschieden sagt der hilfsbereite Mann, von Beruf Installateur: „Mir geht etwas ab. Am Sonntag fehlt etwas – ohne Kirche." „Das stimmt!" sage ich. „Eine eigenartige Situation. Freuen wir uns darauf, wenn es wieder möglich wird." Der Mann antwortet mit einem frohen Lächeln und im Tiroler Dialekt sagt er: „Des wea ma alls noachholen!" – „Das werden wir alles nachholen."

Wie schön, solche Menschen zu treffen! In einer Zeit wo zu viele Leute jammern, brauchen wir diesen Blick nach vorne. Statt uns zu bemitleiden oder andere zu kritisieren, dürfen wir uns jetzt schon freuen, wenn wir uns wieder zahlreich zum Gottesdienst versammeln dürfen.

Dass er das Versäumte noch nachholen will, hat mir besonders gefallen. Es könnte nämlich sein, dass jemand sagt: „So langsam gewöhne ich mich an die Situation. Es geht auch ohne Messe gut." Nein, freuen wir uns auf die Zeit danach und holen wir das Versäumte nach. So zu denken und dabei zu lächeln, ist Ausdruck einer Hoffnung. Wir sollen „fröhlich sein in der Hoffnung" sagt der Apostel Paulus im Römerbrief (vgl. Röm 12,12).

realistisch

30.04

Seit dem 17. März gab es täglich einen Hoffnungsimpuls in Radio Maria. Langsam lasse ich die Initiative auslaufen. Ich hoffe, dass die täglichen Gedanken ein Beitrag waren, Menschen aufzurichten und ein wenig Hoffnung zu verbreiten.

Wichtig war mir immer, nicht zu viel zu reden und Reizworte zu vermeiden. Von zwei Arten der Rede gab es in den vergangenen Wochen meines Erachtens zu viel: Die Rede derer, die angsterzeugend nur noch von Corona bzw. Covid-19 sprachen. Und die Rede, in der Gefahren verharmlost und Menschen, die zur Vorsicht mahnten, abfällig kritisiert wurden. In den Hoffnungsimpulsen versuchte ich, aufbauend zu sprechen – nicht im Sinne eines goldenen Mittelweges, sondern auf Grund der uns von Gott geschenkten Hoffnung.

Als Christen dürfen wir immer zuversichtlich sein, auch in schwierigen Zeiten, wie der Apostel Paulus einmal von sich sagt, „von allen Seiten werden wir in die Enge getrieben und finden doch noch Raum" (2 Kor 4,8). Wir sind als Christen aber auch realitätsbezogen, ohne sorglos zu werden oder Gefahren zu ignorieren.

Zwei kleine Zitate des heiligen Johannes Bosco können uns helfen, die Balance zu halten zwischen grenzenlosem Gottvertrauen und gesunder Bodenhaftung:

„Halte dich an Gott. Mache es wie der Vogel, der nicht aufhört zu singen, auch wenn der Ast bricht. Denn er weiß, dass er Flügel hat."

„Steht mit den Füßen auf der Erde und wohnt mit dem Herzen im Himmel."

01.05
anwesend

Es gibt Menschen, die uns guttun. Von ihnen geht eine positive Ausstrahlung aus. Mit ihnen können wir alles besprechen. Sie drängen sich nicht auf, geben aber auf Anfrage gerne guten Rat. Sie kennen uns manchmal besser als wir selbst uns kennen. Sie spüren es, wenn wir sie brauchen. Sie sind ein Segen für uns.

Solche Menschen stehen oft im Hintergrund und treten erst dann in den Vordergrund, wenn wir darum bitten. Eine solche Person ist Maria, die Mutter unseres Herrn.

An einer Stelle des Neuen Testaments will ich das festmachen. Maria wird in der Bibel nie überschwänglich beschrieben, eher zurückhaltend und nüchtern. Das ist gut so. So wirkt sie authentisch. Nun also die Stelle, auf die ich hinauswill: In der Apostelgeschichte berichtet uns ihr Autor, der Evangelist Lukas, von der Versammlung der Apostel nach der Himmelfahrt des Herrn. Es heißt über die Gemeinschaft der Jünger: „Sie alle verharrten dort einmütig im Gebet, zusammen mit den Frauen und Maria, der Mutter Jesu, und seinen Brüdern" (Apg 1,14).

Maria wird hier fast beiläufig genannt. Aber der Titel, der ihr gegeben wird, sagt viel über ihre Anwesenheit aus: Maria wird die Mutter Jesu genannt.

Damit schließt sich der Kreis, den Lukas am Anfang seines Evangeliums aufgemacht hat. Maria wurde Mutter Jesu durch ihr Jawort, das sie Gott gegeben hat. Da konnte der Heilige Geist ungehindert wirken. In den Tagen, in denen die Gemeinschaft der Jünger das neuerliche Wirken des Heiligen Geistes erwartet, ist sie wieder da, die Mutter Jesu. Maria hatte durch den Heiligen Geist Jesus empfangen. Die Jünger sollten durch den Heiligen Geist ihre Bestätigung und Sendung empfangen.

Ganz sicher sprach Maria den Jüngern damals gute Worte zu. Sie unterstützte sie mit ihrem vertrauensvollen Gebet. Ihre Gegenwart im Hintergrund war wie der Rückhalt einer Mutter. Gewiss vermittelte die Mutter Jesu den Jüngern in jenen Tagen Hoffnung.

Gewiss stand die Gottesmutter Maria in den vergangenen Wochen auch uns zur Seite. Danke, du Mutter Jesu, dass du uns in diesen Tagen immer begleitet hast. Deine Nähe war spürbar. Du wirst uns auch künftig nicht verlassen. Du bist ein Segen für uns.

trauen 02.05

Über mehrere Wochen hat uns das Thema Hoffnung beschäftigt. Dabei ist zutage getreten, dass Hoffnung zahlreiche Gesichter hat und lebensnotwendig ist. Ohne die vielen kleinen Hoffnungen lässt es sich nicht sinnvoll leben. Beobachten wir uns selber, wie oft und beinahe täglich wir Worte der Hoffnung in den Mund nehmen: Hoffentlich schaffe ich das. Hoffentlich geht die Sache gut aus. Hoffentlich wird morgen schönes Wetter. Hoffentlich hält er das Versprechen. Hoffentlich ist jemand zuhause …

Die große Hoffnung, die von Gott kommt und auf Gott zusteuert, lässt diese kleinen Hoffnungen nicht außen vor. Im Gegenteil: Hoffnung, die aus dem Glauben kommt, baut auf den alltäglichen Hoffnungsäußerungen auf. Wenn wir dem alltäglichen Leben etwas zutrauen, üben wir uns darin, Gott noch mehr zuzutrauen.

Alfred Delp, im Dritten Reich mit siebenunddreißig Jahren als Hochverräter angeklagt, schrieb vor seinem Tod aus der Gefängniszelle: „Lasst uns dem Leben trauen, weil wir es nicht allein zu leben haben, sondern Gott es mit uns lebt." Das konnte ein Mensch sagen, der in vielen kleinen Schritten gelernt hatte, nicht gleich aufzugeben oder immer schwarz zu sehen.

Eine Kurzformel für die Hoffnung wäre: Dem Leben trauen, weil wir Gott vertrauen.

leben 03.05

„Ich bin gekommen, damit sie das Leben haben und es in Fülle haben" (Joh 10,10). Dieser Satz ist es wert, ihn voll auszukosten. Tasten wir uns ein wenig an das große Wort „Leben" heran.

Oft sagen Leute, die Ärger oder Unfrieden mit anderen haben: Ich will leben, einfach nur normal leben, mehr erwarte ich nicht. Leben kann bedrückend sein, wenn es von außen oder innen angegriffen und in Frage gestellt wird. Dabei geht es gar nicht um die Güter des Lebens, sondern um Leben an sich.

Die Zutaten zu einem solchen Leben sind nicht exquisit. Manchmal genügen ein paar Umstände und schon stellt sich das Gefühl von Leben ein. Jeder von uns kennt Momente, wo wir einfach gelebt haben: Ein wahres und befreiendes Wort, ein Sonnenuntergang am Meer, ein erklommener Gipfel, eine Zusage, ein Musikereignis, die Zuneigung eines Menschen …

Es gibt Beispiele von Menschen, die voller Leben sind, obwohl sie blind, gehörlos oder ohne Gliedmaßen sind. Schon allein die Tatsache, existieren zu dürfen, kann ein Grund zu Dankbarkeit und Freude sein.

Allerdings kennen wir auch die umgekehrte Variante. Menschen haben materiell alles und können es nicht wirklich genießen. Sie besitzen mehr als genug, und alles ist ihnen zu wenig. Sie besitzen Überfluss, dennoch kommt kein echtes Leben auf.

Es ist der Bezugspunkt, der den Unterschied ausmacht. Wovon und wofür lebst du? Wenn dein Ausgangs- und Zielpunkt nur dein eigenes Ich ist, oder du dich nur mit anderen vergleichst, lebst du sehr eingeschränkt. Erst wenn du aus dir selbst und aus deinem selbstgesteckten Horizont herausgehst, kommst du dem eigentlichen Leben nahe.

Für ein „erfülltes" Leben brauchst du Gott, den Ursprung und das Ziel des Lebens. Ihm verdankst du dich, von ihm kommst du her, auf ihn hin bist du unterwegs.

In Jesus Christus ist Gott sichtbar geworden. Wenn Jesus dein Bezugspunkt ist und du im Glauben mit ihm verbunden bist, bist du auf bestem Weg zum „Leben in Fülle". Die Gewissheit, dass es dieses Leben gibt, nennen wir Hoffnung.

mehr 04.05

Der fünfzigste und letzte Hoffnungsimpuls soll kurz und motivierend sein. Spontan fällt mir eine mutige Aussage unseres Wegbegleiters Paulus ein, der uns in diesen Wochen schon einige biblische Hoffnungsperlen geschenkt hat.

Der Apostel Paulus äußerte sich im Epheserbrief sehr kühn über den Glauben und die Hoffnung. In einer etwas freieren Übersetzung der *Gute-Nachricht-Bibel* lautet der Satz: „Gott kann unendlich viel mehr an uns tun, als wir jemals von ihm erbitten oder uns ausdenken können. So mächtig ist die Kraft, mit der er in uns wirkt" (Eph 3,20).

Mit diesem Wort der Heiligen Schrift können wir gut weiterleben. Vom Gottvertrauen des heiligen Paulus inspiriert ist auch ein Hoffnungswort von Mutter Julia Verhaeghe, das ich gerne allen Leserinnen und Lesern weitergebe: „Lasst uns vertrauen! Was gestern so schien, als könne es nicht gelebt werden, kann morgen in Gottes Gnade Leben werden."

Nur Mut

An der Stelle eines Nachwortes steht hier ein kurzes Zitat von Papst Franziskus. In der Osternacht 2020 predigte er über das Geschenk der Hoffnung. Indem Gott den Stein vom Grab entfernte und Jesus auferstand, wurde der Welt das Geschenk der Hoffnung gegeben.

„Er, der den Felsen am Eingang des Grabes umgestürzt hat, kann die Felsblöcke, die das Herz versiegeln, entfernen. Geben wir daher nicht der Resignation nach, legen wir nicht einen Stein über die Hoffnung. Wir können und müssen hoffen, denn Gott ist treu. Er hat uns nicht alleingelassen, er hat uns aufgesucht: Er ist in jede unserer Situationen gekommen, in den Schmerz, in die Angst, in den Tod. Sein Licht hat das Dunkel des Grabes erhellt, heute will es die dunkelsten Winkel des Lebens erreichen. Schwester, Bruder, auch wenn du im Herzen die Hoffnung begraben hast, gib nicht auf – Gott ist größer. Die Dunkelheit und der Tod haben nicht das letzte Wort. Nur Mut, mit Gott ist nichts verloren!"